Les révélations mystiques reçoivent l'Imprimatur de l'Église quand elles sont jugées conformes à la doctrine et à la morale catholique. Un Imprimatur est le mot latin pour « qu'il soit imprimé ». Ces révélations sont destinées à combler les lacunes laissées dans la Bible à cause de la censure dans les premiers jours de la foi chrétienne et aussi en raison d'erreurs de traduction. Elles révèlent des choses qui sont arrivées comme elles se sont produites .Elles ne sont <u>pas</u> destinées à remplacer la Bible.

Dans cette série

La Pleine de Grâce: Les Premières Années

La Pleine de Grâce: Le Mérite

La Pleine de Grâce: La Passion de Joseph

La Pleine de Grâce : L'Ange Bleu

La Pleine de Grâce : L'Enfance de Jésus

Lamb Books

Adaptations illustrées pour toute la famille

LAMB BOOKS

Publié par le Lamb Books, 2 Dalkeith Court, 45 Vincent Street, London SW1P 4HH;

Royaume-Uni, USA, FR, IT, SP, DE

www.lambbooks.org

D'abord publié par Lamb Books 2013

Cette édition

001

Texte copyright @ Lamb Books Nominee 2013

Illustrations copyright @ Lamb Books, 2013

Le droit moral de l'auteur et l'illustrateur a été affirmé

Tous droits réservés

L'auteur et l'éditeur sont reconnaissants envers le Centro Editoriale Valtoriano en Italie pour avoir permis de citer le Poème de l'Homme-Dieu de Maria Valtorta, par Valtorta Publishing

Situé dans le style ancien Bookman

Imprimé en Grande-Bretagne par CPI Group (UK) Ltd, Croydon, CR0, 4YY

Sauf aux États-Unis, ce livre est vendu à la condition qu'il ne doit pas, par voie de commerce ou autrement, être prêté, revendu, loué ou autrement distribué sans le consentement préalable de l'éditeur, sous quelque forme que de la liaison ou de couvrir d'autres que celui dans lequel il est publié et sans condition similaire, y compris cette condition étant imposée à l'acquéreur subséquent

ISBN: 978-1-910201-34-3

La Pleine de Grâce

L'enfance de Jésus-Christ

LAMBBOOKS

Remerciements

Le contenu de ce livre est une adaptation de la Ville Mystique de Dieu, par sœur Marie de Jésus d'Agreda, qui a reçu l'Imprimatur en 1949 et aussi du Poème de l'Homme Dieu (L'Evangile qui m'a été révélé), d'abord approuvée par le Pape Pie XII en 1948, lorsque lors d'une réunion le 26 Février 1948, vérifié par trois autres prêtres, il a ordonné aux trois prêtres présents de « publier ce travail tel quel ». En 1994, le Vatican a tenu compte des appels des chrétiens du monde entier et a commencé à examiner le cas pour la canonisation de Maria Valtorta (Little John).

Cela fait encore l'objet de nombreuses controverses, à la fois rationnelles et politiques, comme beaucoup de grandes œuvres. Cependant, la foi n'est ni soumise au rationalisme, ni à la politique.

Le Poème de l'Homme-Dieu a été décrit par le confesseur du pape Pie XII comme « édifiant ». Les révélations mystiques ont longtemps été la province des prêtres et des religieux. Maintenant, elles sont accessibles à tous. Que tous ceux qui lisent cette adaptation, qui fusionne des parties de la ville mystique de Dieu et du Poème de l'Homme-Dieu, la trouve aussi édifiante. Puisse, grâce à cette lumière, la foi être renouvelée.

Merci tout particulier au Centro Editoriale Valtortiano en Italie pour nous avoir donné la permission de citer le Poème de l'Homme-Dieu de Maria Valtorta, surnommée Little John.

Parce que je n'ajoute pas de nouveaux éléments à ces histoires, j'ai choisi de rester anonyme.

"... Que soient bénis ceux qui accepteront le cadeau avec des cœurs simples et la foi. Le feu que Le père a souhaité aujourd'hui s'allumera en eux. Le monde ne changera pas dans sa cruauté. Il est trop corrompu. Mais ils seront réconfortés et ils sentiront la soif pour Dieu, l'incitatif à sainteté, monter en eux. "

Jésus, 22ndfévrier 1944.

LA FUITE EN EGYPTE	9
LA ROUTE POUR L'EGYPTE	21
JESUS ROMPT SON SILENCE	30
LA SAINTE FAMILLE EN EGYPTE	36
LA PREMIERE LEÇON DE TRAVAIL DE JESUS	43
LE RETOUR A NAZARETH	47
MARIE ENSEIGNE A JESUS, JUDAS ET JAMES.	52
PREPARATIFS POUR LA VENUE EN AGE DE JESUS ET LE DEPART DE NAZARETH	66
JESUS EXAMINE AU TEMPLE LORSQU'IL EST EN AGE.	74
JESUS EST PORTE DISPARU A JERUSALEM	85
JESUS DEBAT AVEC LES DOCTEURS DANS LE TEMPLE	91

La Fuite En Egypte

Au moment de la visite des rois Mages, Marie entame une neuvaine - une prière de neuf jours - de grâces à Dieu en la mémoire des neuf mois où elle a porté Jésus dans son ventre. Chaque jour, elle propose de nouveau Son Fils au Père éternel pour le salut de l'homme. En réponse à ses prières et à ses offrandes, elle reçoit des nombreux privilèges de la part du tout-puissant ; que tant que le monde devrait durer, toutes ses demandes pour le compte de ses clients seront octroyées, à travers Elle, tous les pécheurs trouveront le Salut, elle sera Co-Rédemptrice avec le Christ et beaucoup d'autres.

Mais le cinquième jour de cette neuvaine, alors qu'elle prie, elle reçoit une vision abstraite du Tout-Puissant dans lequel Il lui prépare les épreuves qui l'attendent :

"Ma conjointe et ma colombe, tes souhaits et intentions sont agréables à mes yeux et je m'y complais toujours. Mais tu ne peux pas terminer la dévotion de neuf jours que tu as commencée, car j'ai en réserve pour toi d'autres exercices de ton amour. Afin de sauver la vie de ton fils et de l'éduquer, tu dois quitter ta maison et ton pays ; fuir avec lui et ton époux Joseph en Égypte, où vous devrez rester jusqu'à ce que j'ordonne autrement : car Hérode en veut à

la vie de l'enfant. Le voyage est long, bien laborieux et bien fatigant ; vous le souffrirez tout en mon nom ; car je suis et serais toujours, avec vous. »

Répondant, elle dit :

« Mon Seigneur et Maître, voici ton serviteur avec un cœur prêt à mourir pour ton amour. Dispose de moi selon ta volonté. Ceci seulement je demande de ton immense bonté, que, sans considérer mon envie de mérite et de gratitude, tu ne permets pas à mon fils et Seigneur de souffrir et que tu mettes toutes les douleurs et le travail sur moi, qui suis consentante pour les subir. »

Le Seigneur lui fait référence à Joseph, en lui disant de suivre ses directives en toutes choses concernant le voyage.

Elle sort de la vision, qu'elle reçoit pleinement consciente et tenant Jésus dans ses bras, son cœur compatissant profondément meurtri à la pensée des difficultés à venir et elle verse beaucoup de larmes. Joseph perçoit son chagrin et est perturbé par celui-ci, mais par humilité et respect envers son époux, elle cache la cause de son chagrin et ne dit rien de la vision, attentant que la Providence suive son cours. Cette nuit-là même, un ange parle à Joseph dans son sommeil.

C'est la nuit, peu après la visite des rois Mages. Joseph est profondément endormi dans son petit lit, dans sa très petite chambre – à peine de la taille d'un couloir – du sommeil d'un homme après une dure journée de travail zélé. Les volets sont entrouverts pour laisser entrer l'air frais et pour le réveiller avec les premiers rayons de l'aube. Un mince rayon de lune filtre à l'intérieur à travers les volets ouverts et le montre couché sur le côté, souriant à une vision qu'il voit dans son rêve. Un ange du Seigneur lui parle dans son sommeil :

"Lèves-toi, prends l'enfant et sa mère et fuyez en Égypte ; là vous resterez jusqu'à ce que je revienne pour vous prodiguer un autre conseil ; car Hérode cherche l'enfant afin de lui ôter vie"

Le sourire de Joseph se transforme rapidement en une expression d'anxiété, il soupire profondément, comme quelqu'un qui a fait un cauchemar et puis se réveille en sursaut.

Il s'assoit dans son lit, se frotte les yeux et regarde autour de lui, à la petite fenêtre où la lumière faible s'infiltre à l'intérieur. C'est le milieu de la nuit, mais il saisit sa robe là où elle git au pied du lit et, toujours assis sur le lit, il enfile pardessus la tunique blanche à manches courtes qu'il porte près du corps. Il se démêle de la couverture, pose les pieds sur le sol, cherche ses sandales, les met et lie les lacets. Debout, il allume une petite lampe à huile et, la prenant avec lui, s'avance de quelques pas vers la porte face à son lit - pas celle à côté du lit qui mène dans la salle où les mages ont été reçus.

Doucement avec le bout de ses doigts, il frappe, attend une réponse et puis entrouvre délicatement la porte, silencieusement, et entre. C'est une chambre légèrement plus grande avec un lit bas à côté d'un berceau. La salle est faiblement éclairée par une lampe de nuit scintillant comme une étoile lointaine dégageant une douce lumière dorée.

Marie est à genoux près du berceau dans une robe légère, priant et regardant Jésus qui dort paisiblement, beau, le teint frais et les cheveux blonds, avec sa tête bouclée enfoncée dans l'oreiller et un poing serré sous son menton.

« Tu ne dors pas ? » demande Joseph à voix basse, un peu surpris. « Pourquoi ? Jésus n'est pas bien? »

« Oh, non ! Il va bien. Je suis en train de prier. Plus tard, je dormirai. Pourquoi viens-tu, Joseph? » Demande Marie, toujours à genoux.

"Nous devons partir d'ici sur-le-champ", explique Joseph dans un murmure excité. "Ce doit être sur-le-champ. Prépares le coffre et un sac avec tout ce que tu peux y mettre. Je vais préparer le reste...Je vais prendre tout ce que je peux... nous devons fuir à l'aube. J'aimerais partir plus tôt, mais je dois parler à la propriétaire... »

' Mais pourquoi cette fuite?'

« Je te dirai plus tard. C'est à cause de Jésus. Un ange m'a dit: « Prends l'enfant et sa mère et fuyez vers l'Égypte. » Ne perds pas de temps. Je vais préparer ce que je peux. »

À la mention de l'ange, de Jésus et de fuite, Marie croit savoir que son enfant est en danger et bondit sur ses pieds, son visage plus blanc que de la cire, maintenant une main contre son cœur en détresse. Rapide, légère sur ses pieds et ordonnée, elle met un gros sac sur son lit et commence à déposer des vêtements dans un coffre et dans le sac sur son lit. Bien qu'elle soit profondément affligée, elle reste calme. De temps en temps, elle regarde l'enfant qui dort calmement dans le berceau quand elle passe à côté.

« As-tu besoin d'aide? » demande Joseph de temps à autre, lorgnant à travers la porte entrouverte.

« Non, Merci » répond Marie à chaque fois.

Lorsque le sac est plein et visiblement très lourd, Marie appelle Joseph pour l'aider à le fermer. Préférant le faire seul, Joseph transporte le long sac dans sa petite chambre.

« Dois-je aussi prendre les couvertures de laine? » demande Marie

' Prends tout ce que tu peux. Nous allons perdre le reste. Prends vraiment tout ce que tu peux... Les choses seront utiles parce que... parce que nous allons devoir rester loin pendant longtemps, Marie!... "dit Joseph tristement.

Marie soupire profondément en pliant ses couvertures et celles de Joseph.
« Nous laisserons les édredons et les nattes... » Dit Joseph, alors qu'il lie les couvertures avec une corde. '...Même si je prends trois ânes, je ne peux pas les surcharger. Nous aurons un voyage long et inconfortable... en partie dans les

montagnes et en partie dans le désert... Couvres bien Jésus...

....Les nuits seront froides aussi bien dans les montagnes que dans le désert..J'ai pris les cadeaux des rois mages parce qu'ils seront très utiles là-bas. Je vais dépenser tout l'argent que j'ai pour acheter deux ânes.....Nous ne pouvons pas les renvoyer, je vais devoir les acheter..Je vais partir maintenant, sans attendre l'aube..Je sais où les trouver. ...Finis de tout préparer.' et il sort.

Marie rassemble un peu plus de choses, regarde Jésus, puis part et revient avec des petites robes qui apparaissent humides ; peut-être lavées seulement la veille. Elle les plie puis les emballe dans un linge et les ajoute aux autres choses. Il n'y a rien d'autre.

Elle regarde autour d'elle une dernière fois et, dans un coin, voit un des jouets de Jésus : un petit mouton en bois sculpté, grignoté aux oreilles et portant des traces de dents de Jésus un peu partout. Elle le ramasse, sanglotant, le baise et caresse cette chose sans valeur ; un simple morceau de bois de grande valeur sentimentale pour elle car il lui montre l'amour de Joseph pour Jésus et lui parle de son enfant. Elle l'ajoute aux autres choses placées sur le coffre.
Maintenant, il n'y a vraiment rien d'autre.

Il est temps de préparer l'enfant.

Elle va jusqu'au berceau et le secoue doucement pour le réveiller mais il pleurniche un peu, se retourne et continue

à dormir. Marie tapote ses boucles doucement et Jésus ouvre sa petite bouche, bâillant.
Penché en avant, Marie embrasse sa joue et Jésus ouvre les yeux, voit sa maman, sourit et étend de ses petites mains vers sa poitrine.
"Oui, amour de ta maman. Oui, ton lait. Avant l'heure habituelle...Mais tu es toujours prêt à sucer les seins de ta maman, mon petit agneau saint! »

Jésus rit et joue, faisant sortir ses petits pieds hors de la couverture, bougeant ses bras joyeusement d'une manière typiquement enfantine, si belle à voir. Il pousse ses pieds contre le ventre de sa maman et arque le dos en penchant sa tête en avant sur sa poitrine et puis se jette en arrière et rit, tenant les lacets qui lient la robe de sa mère à son cou entre les mains, essayant de l'ouvrir. Il a l'air très beau dans sa petite chemise en lin, potelé et aussi attrayant qu'une fleur.

Se penchant et regardant au-delà du berceau comme pour la protection, elle pleure et sourit en même temps, tandis que l'enfant babille, formant des mots qui ne sont pas les mots de tous les petits enfants ; parmi lesquels le mot « Maman » est répété très clairement. Surpris de voir ses pleurs, il étire une petite main vers les traces brillantes des larmes, mouillant sa main en tapotant son visage. Puis, très gracieusement, il se penche, une fois de plus, sur la poitrine de sa mère, s'y agrippant, il tapote avec la main. Sa petite robe en laine lui a maintenant été mise et ses sandales ont été attachées à pieds.

Elle le berce et Jésus suce avidement le bon lait de sa

mère. Quand il sent qu'il en sort seulement un peu de son sein droit, il cherche le gauche, riant et regardant sa mère en même temps.
Puis il s'endort à nouveau sur sa poitrine, sa ronde joue rose reposant contre sa ronde poitrine blanche.

Lentement, Marie se lève, le pose doucement sur la couette sur son lit et le couvre de son manteau. Puis, elle retourne au berceau et replie ses petites couvertures. Elle se demande si elle doit prendre, en plus, le petit matelas. Il est si petit...Il peut être emporté.
Elle le met, ainsi que l'oreiller, avec les autres choses déjà sur le coffre. Et elle pleure sur le berceau vide, pauvre mère, persécuté dans sa petite créature.

Joseph revient.
« Es-tu prête ? Jésus est-il prêt ? As-tu pris ses couvertures et son petit lit? Nous ne pouvons pas prendre son berceau, mais il doit au moins avoir son petit matelas ; pauvre bébé, dont ils veulent la mort !

« Joseph! », s'exclame Marie, saisissant le bras de Joseph.

« Oui, Marie. Sa mort. Hérode veut sa mort...Parce qu'il a peur de lui, cette bête immonde, à cause de son royaume humain, il a peur de cet enfant innocent. Je ne sais pas ce qu'il fera quand il se rendra compte qu'il s'est échappé. Mais nous serons loin d'ici là. Je ne pense pas qu'il se vengera en le cherchant aussi que la Galilée. Il serait très difficile pour lui de savoir que nous sommes des Galiléens, et surtout, que nous sommes de Nazareth et qui nous sommes précisément... À moins que Satan l'aide pour le remercier d'avoir été son fidèle serviteur. Mais... si cela devait se produire...Dieu nous aidera tout de même. Ne pleure pas, Marie. De te voir pleurer est une plus grande douleur pour moi que d'avoir à m'exiler. »

« Pardonnes-moi, Joseph. Je ne pleure pas pour moi, ou pour les quelques choses que je perds. Je pleure pour toi...Tu as déjà eu à tellement te sacrifier! Et maintenant, une fois de plus, tu n'auras pas de clients, pas de maison. Combien je te coûte, Joseph! »

"Combien ? Non, Marie. Tu ne coûtes pas. Tu me réconforte. Toujours. Ne t'inquiète pas de l'avenir. Nous avons les cadeaux des rois mages ; ils serviront pour les premiers jours. Plus tard, je trouverai du travail. Un bon ouvrier intelligent fera toujours son chemin. Tu as vu ce qui s'est passé ici ; je n'ai pas assez de temps pour tout le travail que j'ai. »

« Je sais. Mais qui te va soulager de ta nostalgie de ton pays natal?'

« Et pour toi alors ? Qui soulagera ton désir pour la maison qui t'est si chère ? »

' Jésus. En l'ayant, j'ai ce que j'avais là-bas. »

« Et moi, ayant Jésus, j'ai ma terre natale, en laquelle j'avais espoir jusqu'à il y a quelques mois. J'ai mon Dieu. Tu vois que je ne perds rien de ce qui m'est cher pardessus tout. La seule chose importante est de sauver Jésus, et ensuite nous avons tout. Même si nous ne devrions jamais revoir ce ciel,

ou ce pays ou même notre cher pays de Galilée, nous aurons toujours tout parce que nous l'aurons lui. Viens, Marie, c'est presque l'aube. Il est temps de dire au revoir à notre hôtesse et charger nos affaires. Tout ira bien. »
Marie se lève docilement et met son manteau tandis que Joseph fait un dernier paquet et sort avec.

Marie soulève l'enfant doucement, l'enveloppe dans un châle et le serre contre son cœur. Elle regarde les murs qui ont été une maison pour elle depuis quelques mois et les touche de sa main comme une caresse. Heureuse maison qui mérite d'être aimée et bénie par Marie !

Elle sort, par la chambre de Joseph, dans la grande salle, où la patronne, en larmes, l'embrasse en disant au revoir et, soulevant le bord du châle, embrasse le front de Jésus qui dort tranquillement. Ils descendent les escaliers extérieurs.

Dans la faible première lumière de l'aube, trois ânes sont visibles ; le plus fort est chargé avec les biens et effets. Les deux autres sont sellés.
Joseph est occupé à fixer le coffre et les lanières sur le sac de selle du premier. Ses outils de charpentier sont liés dans un paquet sur le dessus du sac.

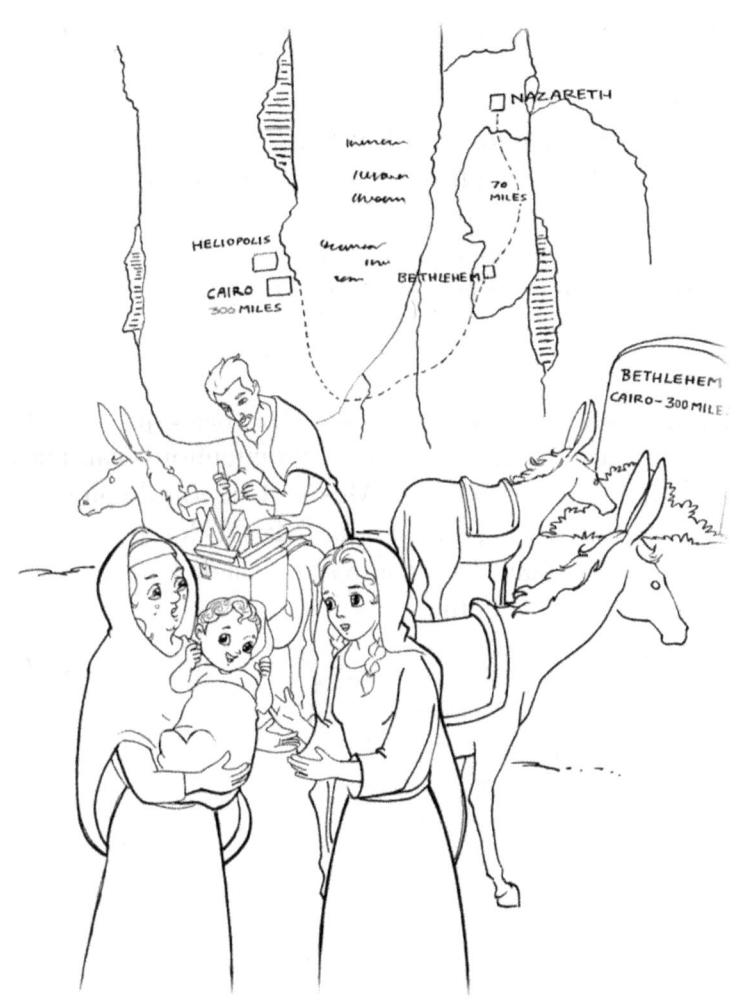

Il y a plus de larmes et d'adieux et puis Marie monte le petit âne, tandis que la propriétaire, tenant Jésus dans ses bras, l'embrasse à nouveau. Puis elle le remet à Marie. Joseph attache son âne à celui chargé de marchandises afin d'être libre de tenir les rênes de l'âne de Marie. Enfin, il s'installe.

C'est un moment autour de 9 av. J.-C. et Jésus n'est pas encore âgé d'un an. La fuite commence alors que Bethléem dort paisiblement ignorant du danger imminent qui plane, rêvant peut-être encore de la scène fantasmagorique de la visite des rois Mages.

Pendant ce temps, un ange apparaît aux Mages qui rentrent chez eux et les met en garde contre les intentions malsaines d'Hérode de trouver et tuer le Messie. Une fois de plus, l'étoile apparaît et les guide loin du Palais d'Hérode, et jusque là où ils s'étaient rencontrés au-delà de la mer morte où ils prennent des chemins séparés.

La Route Pour l'Egypte

Par obéissance, la Providence a pré-arrangé qu'à l'arrivé de ce jour de fuite, la Sainte famille devra s'écarter de la Judée et non à partir de Nazareth.

S'échappant dans le silence et l'obscurité de la nuit, Marie et Joseph ont beaucoup à s'inquiéter car ils ne savent pas ce qui se passera pendant leur voyage, quand il se terminera, comment ils s'en sortiront en Egypte en étant de parfaits étrangers, quels moyens ils trouveraient là-bas pour élever l'enfant ou même comment ils le protégeront durant la traversée. Néanmoins, Marie est déterminée à ne pas recourir à l'usage des miracles pour leurs besoins, pour aussi longtemps qu'ils pourront subvenir à leurs besoins par leurs propres efforts.

Ils sont accompagnés par les dix mille anges qui leur sont visibles sous forme humaine, qui offrent service et hommage et informent que c'est la volonté de Dieu qu'ils les guident et les accompagnent sur le chemin. En même temps, ils se dirigent vers le désert de Bersabe, s'arrêtant deux jours à Gaza pour se reposer, eux et leurs ânes. Dès les premiers jours de Jésus, la nouvelle de miracles répétés partout où Christ est allé a attiré l'attention des foules et de ceux au pouvoir, rendant facile pour Hérode et ses hommes de retrouver rapidement l'enfant Dieu-Homme.

Pendant le repos de deux jours, ils effectuent de nombreux miracles ; beaucoup de maladies sont guéries, certains malades sont sauvés du danger de la mort, une femme infirme revient récupère l'utilisation de ses membres, et beaucoup d'âmes sont ravivées mais Marie et Joseph ne révèlent-ils pas qui ils sont, d'où ils viennent ni où ils vont au cas où les nouvelles devraient revenir à Hérode.

Le troisième jour, ils repartent de nouveau et passent bientôt au-delà des parties habitées de la Palestine et dans le désert de sable de Bersabe dans lequel ils devront voyager pour soixante lieues avant qu'ils n'atteignent leur destination finale en Egypte.

Dieu permet à son Fils Unique, avec sa très Sainte mère et Joseph, de subir les inconvénients et les difficultés naturellement liés au voyage à travers ce désert et ils portent leurs difficultés sans se plaindre, bien qu'ils soient particulièrement affligés de ne pas être en mesure de faciliter, par leurs propres efforts, les difficultés de leur fils. Ils ne peuvent que couvrir une courte distance chaque jour et la traversée dure plusieurs jours en raison de la difficulté de traverser les sables profonds en plus de quoi ils souffrent du manque d'abri pendant la nuit, surtout pendant la nuit lorsque les températures chutent et les conditions dans le désert ouvert deviennent hivernales.

La première nuit, ils se reposent au pied d'une petite colline ; la seule protection qu'ils puissent trouver.

Avec l'enfant dans ses bras, Marie s'assoit sur le sol avec Joseph et ils partagent un repas frugal de fruits et de pain acquis au cours de leurs deux jours de repos et Marie conforte Jésus en son sein. Jésus, pour sa part, rend heureux Marie et Joseph par son contentement.

Joseph construit une tente étroite avec son manteau et des bâtons comme abri de fortune contre le plein air pour Marie et Jésus alors qu'il dort sur le sol avec sa tête appuyée sur le coffre et ainsi, ils passent leur première nuit dans le désert glacial, jalousement gardé par les anges.

Marie perçoit que son Fils divin offre toutes leurs difficultés au Père Éternel, et elle se joint à lui pour la plus grande partie de la nuit, se permettant seulement un court sommeil.

Mais leur maigre réserve de fruits et de pain s'épuise bientôt rapidement et la faim s'installe. Certains jours dans le désert, ils doivent marcher toute la journée sans nourriture jusqu'à neuf heures du soir. Sans aucun moyen de subvenir à leurs besoins, Marie prie le Père éternel en disant :

« Dieu éternel, grand et puissant, je te rends grâce et te bénis pour ta magnifique bonté ; et que, par ta condescendance miséricordieuse, sans mon mérite, tu m'as donné vie et l'être et me m'y préserve, même si je ne suis que poussière et une créature inutile. Je ne t'ai pas rendu correctement tous ces avantages ; donc comment puis-je demander pour moi ce que je ne peux pas rembourser ? Mais, mon Seigneur et mon père ; regardes ton Fils Unique et accorde-moi ce qui est nécessaire pour justifier ma vie naturelle et celle de mon conjoint, afin que je puisse servir sa Majesté et ta parole faite chair pour le salut des hommes. »

Afin que les clameurs de la plus douce des mères puisse procéder d'une encore plus grande souffrance, le Très-Haut permet aux éléments de les toucher plus que d'habitude, ajoutant aux souffrances causées par la fatigue et la faim pour qu'écoutant les prières acceptables de sa conjointe, il puisse prévoir également pour ces dernières par les mains des anges. Alors, une furieuse tempête avec du vent et de la pluie se lève, les harcelant et les aveuglant.

Marie couvre Jésus et essaye de le protéger autant qu'elle le peut, mais son cœur tendre gémit profondément alors que Jésus, délicat comme il est, pleure et frissonne dans la tempête.

Enfin, Marie utilise sa puissance en tant que mère de Dieu, ordonnant aux éléments ne pas d'affliger son fils, mais plutôt de lui offrir abri et rafraîchissement et d'assouvir leur vengeance sur elle seule. La tempête s'estompe immédiatement, épargnant la mère et l'enfant.

En contrepartie de cette pensée d'amour, l'enfant Jésus ordonne à ses anges d'aider plus son aimable mère contre la tempête. Ils construisent immédiatement un magnifique globe tout autour de leur Dieu incarné, de sa mère et son conjoint, et ainsi les protègent et défendent pour le reste de la marche dans le désert.

Ils leur apportent également du pain délicieux, assaisonné de fruits, et une boisson délicieuse qu'ils servent eux-mêmes. Et puis, ensemble, les anges et la Sainte famille chantent des louanges et rendent grâces à Dieu. Et pour le reste de leur voyage à travers le désert, Dieu leur fournit leur nourriture.

À leur arrivée en Égypte, ils trouvent un peuple retenu captif par le malin. L'enfant Jésus, dans les bras de sa mère, lève ses yeux et ses mains au père demandant leur Salut, éconduisant ainsi les démons des idoles, les renvoyant dans les cavernes et les ténèbres de l'enfer, les idoles s'écrasent au sol, les autels tombent en morceaux et les temples tombent en ruines. Marie unit ses prières aux prières de son fils et Joseph est au courant des travaux du verbe incarné, mais le peuple égyptien est étonné. Bien que les savants parmi eux se souviennent d'une ancienne tradition prophétisée par Isaïe (Is.9,1), qui raconte l'arrivée d'un roi des Juifs et la destruction des temples des idoles, ils ne savaient pas comment cette prophétie devait être observée.

Les gens qui parlent à Marie et Joseph, venus à eux par curiosité de voir des étrangers en leur sein et prenant la parole, expriment leurs craintes sur les récents événements, mais Marie et Joseph saisissent l'occasion pour leur parler longuement du seul vrai Dieu, créateur du ciel et de la terre, qui seul doit être reconnu et adoré.

Marie est si douce et charmante et ses mots si gentils que s'étend rapidement la rumeur de l'arrivée de pèlerins étranges tandis que les prières du verbe incarné convertissent le cœur de beaucoup, inculque la connaissance de Dieu et de sa tristesse pour leurs péchés, provoquant un vacarme incroyable ainsi que la destruction des idoles, mais les gens ne savent pas de qui viennent les bénédictions.

Jésus, Marie et Joseph poursuivent leur voyage par le biais de Memphis, Babylone, Matarieh à Héliopolis (aujourd'hui : Mit Rahina, à 12 km au sud du Caire, le Caire copte, à cinq kilomètres au nord du Caire, bordure nord-est du Caire respectivement), faisant des miracles, faisant sortir les démons hors des gens et des idoles, guérissant les cœurs malades et éclairants sur les doctrines de la vie éternelle. À Héliopolis, ils sont informés par les anges qu'ils doivent rester là. Joseph achète une maison, un pauvre logement avec trois pièces en périphérie de la ville comme Marie le désire. Une pièce est désignée comme le temple de Jésus, dans lequel ils placent son berceau et la couche de Marie. La seconde est attribuée à Joseph et la troisième sert aussi bien de cuisine que d'atelier pour Joseph.

Fidèle à sa volonté de pourvoir aux besoins de sa famille par son propre travail, Marie se met immédiatement à la recherche de travaux de couture grâce à l'aide des femmes pieuses attirées par sa modestie et sa douceur. La réputation de son talent et de son travail assidu se répand vite et elle obtient bientôt tellement de travail qu'elle attribue ses journées au travail et ses nuits à son exercice spirituel, même si elle continue ses méditations spirituelles pendant qu'elle travaille. Joseph et Marie ensemble sont donc capables de pourvoir à tous les besoins de base en nourriture et en vêtements pour leur enfant et eux-mêmes.

Maladies et les épidémies sont fréquentes en Egypte en raison du climat rigoureux et beaucoup de ceux qui viennent à Marie pour entendre la parole de Dieu rentrent à la Maison guéris, corps et âme. Alors le mot se propage rapidement. Pour aggraver les choses, Héliopolis et beaucoup d'autres parties de l'Égypte sont ravagés par la peste au cours des années de leur séjour donc à la demande de Marie, Jésus ordonne Joseph ; en lui donnant une lumière nouvelle et le pouvoir de guérir. Donc alors que Joseph enseigne et guérit les hommes, Marie assiste les femmes et tous ceux qui viennent à eux reçoivent la grâce et sont touchés par l'amour et la dévotion par la modestie et la sainteté de Marie. Mais elle refuse les paiements ou cadeaux offerts sauf lorsqu'elle trouve le présent utile pour aider les autres dans le besoin, dans ce cas, elle fait également un cadeau en retour avec ses travaux à l'aiguille.

Grâce à son travail pour répandre la parole de Dieu en Égypte et aider les Égyptiens dans le corps et l'âme, Marie elle-même se développe dans la sainteté. Dieu lui donne pleine connaissance-comme si elle avait elle-même été présente-du massacre des innocents-tout premier-né fils vieux de un jour à deux ans -par Hérode dans sa quête pour le Messie, elle sait tout cela comme si elle avait elle-même été présente.

Grâce à ses prières et celles de son fils, tous ces innocents reçoivent une haute connaissance de l'être de Dieu, de l'amour parfait, de foi et d'espérance qu'ils mettent immédiatement à profit, accomplissant des actes héroïques de foi, d'amour et d'adoration de Dieu et reçoivent la compassion de Dieu pour leurs parents et leurs familles, obtenant la lumière et la grâce à l'avance dans les besoins spirituels. Malgré leur jeune âge, ces enfants se soumettent volontairement au martyre, augmentant ainsi leurs mérites et sont gardés dans les limbes par une multitude d'anges, attendant la rédemption. Leur arrivée dans les limbes réconforte à son tour les anciens dans l'espoir d'une libération rapide pour lesquels il y a beaucoup de joie et des chants de louange. Tout cela, Marie le fait, en union avec son divin enfant, qui est l'auteur d'eux tous, mais qui, pendant qu'il est en Egypte, doit rester aussi normal que tous.

Jésus Rompt Son Silence

Un jour, Marie et Joseph conversent et réfléchissent sur l'être infini de Dieu, sur sa bonté et l'amour excessif qui l'aurait incité à envoyer son fils unique pour être l'enseignant et le Sauveur des hommes, Dieu revêtu de chair, venu pour converser avec l'humanité et subir le châtiment de leurs natures dépravés. Alors qu'il réfléchit, le cœur de Joseph s'enflamme avec amour et il se perd dans l'émerveillement et la stupéfaction des œuvres de Dieu.
Jésus, dans les bras de sa mère, vient d'avoir un an, et il saisit cette occasion pour rompre son silence avec Joseph. « Mon père... » Dit-il à Joseph '... Je suis la lumière du monde, venu du ciel pour sauver le monde des ténèbres du péché, comme un bon pasteur, pour enseigner à mes moutons le chemin du Salut et ouvrir les portes du ciel fermées par le péché. Je désire que vous soyez tous deux des enfants de lumière, que vous avez à portée de main.»

Ses paroles remplissent Joseph de joie et de révérence renouvelées, et se jetant à genoux devant l'enfant de Dieu, il le remercie de l'avoir appelé « père » car Joseph aime Jésus avec un amour exquis surnaturel beaucoup plus fort que l'amour naturel de n'importe quel père terrestre pour son fils.

Joseph est rendu humble de s'entendre lui-même appelé « père » par le fils du Père Éternel, le fils qu'il voit si beau en grâce et exalté dans la connaissance et la sagesse.

A partir du moment où Jésus est âgé d'un an, il commence à passer certaines heures de la journée dans sa chapelle et, répondant à l'appel muet de sa mère, l'invite à se joindre à lui afin qu'elle puisse apprendre de lui et l'imiter dans ses œuvres, car il la souhaite d'être le modèle d'accomplissement parfait pour toutes les âmes. Et alors Jésus, de cet instant - en Egypte, jusqu'à leur retour à Nazareth et jusqu'au début de son ministère – enseigne à Marie, de bouche à oreille, tous les mystères de la loi évangélique et de sa doctrine sur lesquels il fondera son église sur la terre, faisant remarquer l'heure et le lieu de chaque épreuve et la chronologie des royaumes et des provinces au cours de la vie de l'église. Après leur retour à Nazareth suivant la cérémonie d'anniversaire de Jésus, Jésus enseigne également à Marie les secrets du livre aux sept sceaux dont Jean parle (Apoc. 5,1) ; le livre que seul l'agneau peut desceller par sa Passion et sa mort, ses doctrines et son mérite. En comparaison, Jésus passe seulement trois ans à enseigner à ses apôtres et disciples et à établir entièrement son église sur la terre.

Parfois, au cours de leurs enseignements et de leurs prières, Jésus est prostré sur le sol, à d'autres moments, il est soulevé du sol, toujours en forme de croix, priant avec ferveur le Père éternel pour le salut des âmes mortelles. Souvent, en présence de Marie, il disait :

« Ô croix bénie ! Quand tes bras recevront-ils les miens, quand reposerai-je sur toi, quand mes bras seront-ils cloués aux tiens écartés pour accueillir tous les pécheurs ?.....Comme je suis venu pour aucune autre raison que de les inviter à m'imiter... ils sont maintenant même et à jamais ouverts pour embrasser et enrichir tous les hommes. Venez alors, vous tous qui êtes aveugles, à la

lumière. Venez, vous pauvres, aux trésors de ma grâce. Venez, vous les plus petits, pour les caresses et les délices de votre vrai père. Viens, toi, affligé et usé, car je vais te soulager et te rafraîchir...

Venez, vous les justes, puisque vous êtes ma possession et mon héritage. Venez, vous tous, enfants d'Adam, car je demande après vous tous. Je suis la voie, la vérité et la vie et je ne dénierai rien de ce que vous désirez recevoir... Mon Père Éternel, ils sont les œuvres de tes mains, ne les méprisez pas; car je m'offrirai moi-même en sacrifice sur la Croix, afin de les ramener à la justice et à la liberté. S'ils sont consentants je les reconduirai au sein de tes élus et à leur royaume céleste, où ton nom sera glorifié. »

Et Marie joint ses prières aux siennes, car elle est consciente de ce qui se passe dans son âme ainsi que de ce qu'elle observe des mouvements externes de son corps. Par conséquent, même si Marie ne jouit pas toujours des visions de la divinité, c'est un privilège réservé à elle seule par l'intermédiaire de son fils, elle est mise au courant de toutes leurs activités et de la façon dont son humanité révère, aime et adore la divinité à laquelle elle est unie. De cette manière particulière, elle est témoin des effets de l'union hypostatique de l'humanité et de la divinité-homme-Dieu.

Dans ce temple, Jésus confère avec son père sur les plus hauts mystères de la rédemption, et la personne du père approuve ou concède à ses pétitions pour le soulagement des hommes ou montre à l'humanité du Christ les décrets secrets de la doctrine que Dieu a ordonné de tout ce qui va se passer en ce qui concerne le salut de certains et pas d'autres, le condamnation de certaines âmes à la misère éternelle. Tout cela, Marie en est le témoin, adorant l'Omnipotent avec une révérence inégalable et se joint à son fils dans ses prières, ses pétitions et ses grâces.

Sur certaines de ces occasions, l'enfant pleure et transpire du sang, et cela va se produire plusieurs fois non seulement en Egypte mais aussi après leur retour à Nazareth, bien avant que ce ne soit enregistrée dans le jardin de Gethsémané. À ces moments-là, Marie essuie son visage, comprenant complètement que la cause de son agonie est la perte à venir ; ceux pour qui les mérites du Rédempteur seront gaspillés.

À d'autres moments, Jésus est transfiguré par le débordement de la gloire de sa très Sainte âme dans son corps alors il est enveloppé de lumière céleste, parce que le Père Éternel a ordonné que l'humanité divine doit à intervalles, avoir cette consolation. En de tels, et à d'autres moments, lorsque Jésus n'est pas glorifié, il est entouré d'anges chantant de douces hymnes de louange en harmonie céleste. Et Marie se joint à lui dans les hymnes de louange.

Les enfants d'Héliopolis qui jouent avec l'enfant-Jésus, sans grande méchanceté, comme la plupart des enfants le sont, l'acceptent comme il est, et Jésus, les acceptant en retour comme il se doit, leur instille la connaissance de Dieu et des vertus, en leur enseignant la manière de la vie éternelle, imprégnant ses vérités profondément en eux et joignant leur cœur afin que chacun d'eux qui ont cette chance, par la suite deviennent de grands saints hommes pour qu'au cours du temps, ces graines de grâce semées tôt dans leurs âmes, mûrissent et portent des fruits célestes.

La Sainte Famille En Egypte

Jésus, âgé de deux ans, est assis sur un tapis dans l'ombre d'un petit arbre qui se dresse au centre d'un jardin potager dans un petit morceau de terre clôturé. La terre de jardin aride a été patiemment cultivée et bordée de cannes, fortifié avec des lianes, de modestes plantes grimpantes, et d'un côté, un arbuste de jasmin en pleine floraison et un buisson de roses communes. Des légumes modestes poussent au centre du jardin, sous l'arbre, où il y a peu d'ombre. Une petite chèvre noir et blanche, attachée à l'arbre, fouilles les feuilles de branches jetées à terre.

Le jardin appartient à une pauvre petite maison avec des murs en plâtre et un seul étage – un rez-de-chaussée-. Les murs sont blanchis à la chaux, et il y a deux portes, l'une à côté de l'autre, qui mènent aux pièces intérieures de la petite maison. La maison se dresse au milieu de la petite parcelle de terrain sablonneux clôturé par la mince clôture faite avec de la canne fixée au sol, une protection appropriée uniquement contre les chiens et les chats errants.

Sur son tapis dans l'enceinte de la pauvre maison, Jésus joue avec de petits moutons de bois, de petits chevaux de bois et quelques copeaux de bois clairs, moins bouclés que ses boucles d'or. Avec ses petites mains potelées, il tente de mettre les colliers de bois sur le cou de ses animaux. Il est calme, souriant et très beau. Sa petite tête est une masse de petites boucles d'or très épaisses, sa peau claire et légèrement rosé. Ses yeux, vivants et d'un bleu profond ; deux beaux saphirs sombres. Il est vêtu d'une tunique blanche qui s'étend jusqu'à ses mollets, avec des manches courtes et nouée à la taille avec un cordon blanc. Ses petits pieds sont nus, parce qu'il a enlevé ses sandales et les utilise comme un chariot pour ses animaux, tirant la charrette par les sangles.

Les sandales sont simples ; une semelle et deux sangles, un point et l'autre du talon. Celle de la pointe se divise en deux à un certain point et une longueur passe par un œillet à la sangle du talon, puis fait le tour et est liée avec l'autre morceau, formant ainsi un anneau à la cheville.

Egalement à l'ombre de l'arbre, non loin de Jésus, se trouve Marie, tissant sur un métier à tisser rustique et regardant l'enfant. Sa fine main blanc va en avant et en arrière, jetant la navette sur la trame tandis, que son pied dans une sandale actionne la pédale. Sa tunique est la couleur de fleurs mauves : un violet rose comme certaines améthystes. Elle est tête nue et ses cheveux sont séparés en deux tresses simples qui sont réunies à la nuque. Ses manches sont longues et étroites, et elle ne porte pas d'autre ornement que sa beauté et sa plus douce expression sur le visage d'un ange bleu, qui lui donne une vingtaine d'années.

Sa journée de Travail terminée, elle se lève et, se penchant sur l'enfant, lui remet ses sandales et lie les lacets avec soin. Puis elle le caresse et embrasse ses beaux yeux. L'enfant babille et elle lui répond. Ensuite, revenant à son métier à tisser, elle couvre le tissage et la trame avec un morceau de tissu, ramasse le tabouret sur lequel elle était assise et l'emporte dans la maison. L'enfant la suit des yeux mais n'est pas gêné d'être laissé seul.

Le soleil se couche sur les sables arides et un gigantesque incendie envahit tout le ciel derrière la pyramide lointaine.

Marie revient et prenant Jésus par la main, le soulève de son tapis. L'enfant obéit sans résistance. Alors que sa mère rassemble ses jouets et les emmène dans la maison, il trottine, sur ses petites jambes galbées, jusqu'à la chèvre et jette ses bras autour de son cou. La petite chèvre bêle et frotte sa tête sur l'épaule de Jésus.

Marie revient, portant maintenant un voile et tenant une amphore dans sa main. Elle prend Jésus par la main, et ensemble, ils marchent avec élégance autour de la petite maison, un joli tableau. Marie ajuste ses pas à ceux de l'enfant et l'enfant trottine et se promène à côté d'elle, ses talons roses allant de haut en bas sur le chemin de sable avec la grâce typique des pas d'un enfant.

À l'avant de la maison, la haie est coupée par une porte rustique que Marie ouvre pour sortir sur la route, une pitoyable route à la fin du village, menant dans le pays, faite de sable et d'autres pauvres maisons similaires à la leur et avec de rares jardins.

Il n'y a personne alentour. Marie regarde vers la ville, comme si elle attendait quelqu'un et puis dirige ses pas vers un puits entouré par des herbes sur le sol et à l'intérieur d'un cercle d'ombre de palmiers quelque dix mètres plus loin.

Il y a un homme qui marche sur la route. Au loin, il n'est pas très grand mais bien construit. Alors qu'il s'approche, ses traits émergent et c'est Joseph, souriant. Il a l'air à la moitié de sa trentaine, ses cheveux et sa barbe épais et noirs, sa peau plutôt bronzée, ses yeux sombres, son visage honnête et qui inspire confiance.

Quand il voit Jésus et Marie, il accélère son pas. Il porte sa scie et son rabot sur son épaule gauche et d'autres outils de son métier dans son autre main, revenant peut-être d'une réparation à domicile. Sa tunique d'ouvrier est entre noisette et brun sombre et elle atteint ses mollets, a des manches courtes et est tenue à la taille avec une ceinture de cuir. Ses sandales sont attachées aux chevilles.

Marie sourit et Jésus pousse un cri de joie, étirant sa main libre. Quand ils se rencontrent, Marie prend les outils de travail de Joseph et Joseph se penche, offrant un fruit à Jésus. Puis, s'accroupissant au sol, il étire ses bras et Jésus quitte sa mère et fait un câlin dans les bras de Joseph, penchant sa petite tête dans le creux du cou de Joseph. Joseph l'embrasse et se fait embrassé par lui, une scène pleine d'amour gracieux.

Puis Joseph se lève et prend ses outils avec sa main gauche, tandis qu'avec la droite il tient Jésus serré contre sa poitrine puissante. Puis il va avec Jésus à la maison tandis que Marie va au puits pour remplir son amphore.

A l'intérieur de la maison, Joseph pose l'enfant par terre et apporte le métier à tisser de Marie dans la maison. Puis il trait la chèvre et l'amène à son petit abri près de la maison tandis que Jésus regarde avec intérêt.

Il commence à faire sombre alors que le coucher de soleil rouge tourne au violet sur le sable qui semble trembler de chaleur, et sur la pyramide, la faisant ressortir plus sombre.

Joseph va dans la maison, dans une salle qui est son atelier, la cuisine et la salle à manger tout à la fois. Il y a un feu allumé dans la basse cheminée. Il y a banc de menuisier, une petite table, quelques tabourets et quelques étagères avec deux lampes et quelques ustensiles de cuisine dessus. Le métier à tisser de Marie est dans le coin. La maison, bien que pauvre, est très propre et ordonnée.

Marie revient avec l'amphore et ils ferment la porte à l'obscurité en pleine croissance à l'extérieur. La salle est éclairée par une lampe que Joseph a allumée et placé sur son banc, où il travaille maintenant sur des petites planches tandis que Marie prépare le souper. Le feu dans la cheminée éclaire aussi la pièce. Jésus, avec ses petites mains placées sur le banc et sa petite tête levée vers le haut, est regarder attentivement Joseph qui travail.

Ils viennent à la table et Joseph les guide dans un Psaume dans leur dialecte de Nazareth, tandis que Marie répond. Ils s'assoient pour manger avec la lampe sur la

table et Jésus sur les genoux de Marie. Marie lui fait boire du lait de chèvre. Puis elle coupe quelques tranches d'un pain rond et brun, les plonge dans le lait et les offre à Jésus. Joseph mange une petite tranche de fromage et beaucoup de pain. Marie assoit Jésus sur un tabouret près d'elle et va chercher des légumes cuits-ils sont bouillis et assaisonnés, et quand Joseph s'est servi, Marie en prend aussi, tandis que Jésus grignote joyeusement sa pomme, souriant et affichant ses petites dents blanches.
Ils terminent leur dîner avec quelques dates dures et il n'y a pas de vin. Le souper des pauvres.

Mais il y a beaucoup de paix dans la pièce.

La Première Leçon De Travail De Jésus

Un petit garçon âgé de cinq an, complètement blond et très beau dans une simple tunique bleue qui arrive à mi-chemin de ses mollets galbés, joue avec de la terre dans le petit jardin potager de leur maison ; Il fait des petits tas avec la terre et y plante de petites branches pour faire une forêt miniature. Puis il construit des routes peu avec des pierres et, maintenant, il souhaite construire un petit lac au pied de ses collines minuscules. Il prend la partie inférieure d'un vieux pot et l'enterre à ras bord puis il le remplit avec de l'eau à l'aide d'un pichet qu'il trempe dans un récipient contenant de l'eau utilisée pour le lavage et pour arroser le petit jardin, mouillant sa robe et ses manchon. Mais le pot ébréché est également fissuré et le lac s'assèche.

Joseph vient à la porte et reste là un certain temps, à regarder tranquillement Jésus au travail et souriant.

Alors, pour éviter que Jésus ne se mouille plus, il l'appelle. Jésus se tourne en souriant et quand il voit Joseph, il court vers lui avec ses petits bras tendus.

Avec le bord de sa tunique de travail, Joseph sèche ses

petites mains qui sont sales et humides et les embrasse. Et puis, les deux ont une conversation dans laquelle Jésus explique son jeu, son travail et les difficultés qu'il a ; Il voulait faire un petit lac comme le lac de Génésareth – dont il a entendu parler -, un petit juste pour son propre plaisir. Ceci était Tibériade, cela Magdala, là-bas il y avait Capharnaüm. Il s'agissait de la route pour Nazareth, en passant par Cana. Il voulait lancer quelques petits bateaux sur le lac ; ces feuilles étaient les bateaux. Et il voulait aller à l'autre rive. Mais l'eau s'échappe...

Joseph regarde et s'intéresse, comme s'il s'agissait d'une affaire très sérieuse. Puis, il propose de faire un petit lac le lendemain, pas avec un vieux pot fêlé, mais avec un petit bassin en bois, bien enrobé de brai et de stuc, dans lequel Jésus lancera des petits bateaux en vrai bois, que lui, Joseph, va lui apprendre à fabriquer. Justement, il lui avait apporté quelques petits outils de travail, adaptés pour lui, afin qu'il puisse apprendre à les utiliser sans aucune fatigue.

« Alors je pourrai t'aider! », dit Jésus, souriant.

« Alors tu m'aideras et tu deviendrez un habile charpentier. Viens les voir. »

Ils vont dans l'atelier et Joseph lui montre un petit marteau, une petite scie, de très petits ciseaux et un rabot approprié pour une poupée, tous disposés sur un petit établi de menuisier en herbe ; adapté aux dimensions du petit Jésus.

' Tu vois, pour scier, tu dois placer ce morceau de bois comme ça. Tu prends alors la scie comme ça, et en veillant ne pas à attraper tes doigts, tu commences à scier. Essais... »

Et la leçon commence. Et Jésus, rougissant à l'effort et serrant ses lèvres, scies le morceau de bois soigneusement et ensuite le rabote et bien que ce ne soit pas parfaitement rectiligne, il pense que c'est bien. Joseph le félicite et avec patience et amour, lui enseigne la manière de travailler.

Marie, à son retour d'une course, regarde la porte et sourit à l'ardeur avec laquelle Jésus travaille avec le rabot et à comment Joseph lui enseigne amoureusement.
Sentant sa présence, Jésus se retourne et court pour lui montrer le petit bout de bois pas encore terminé. Marie admire, puis se penche et embrasse Jésus. Elle arrange ses boucles ébouriffées, essuie la sueur de son visage chaud et écoute avec une attention pleine d'amour envers Jésus, qui promet de lui faire un petit tabouret afin qu'elle soit plus à l'aise lorsqu'elle travaille. Joseph, debout près du banc minuscule avec une main posée sur sa hanche, regarde et sourit.

Le Retour à Nazareth

Le décret du départ d'Egypte, plus de quatre ans après leur arrivée, est intimé par le Père Éternel à son fils en présence de sa mère. Marie le voit se reflétant dans son âme très Sainte et Le voit également se soumettre dans l'obéissance au père. Mais ni mère, ni fils ne le font savoir à Joseph, parce que bien que Jésus soit le vrai Dieu et sa mère souverainement élevée au-dessus de Joseph, Dieu accorde une grande importance dans le bon ordre des choses créées et ainsi les arrangements pour le voyage doivent venir de Joseph comme étant le chef de la famille.
Cette même nuit, un ange parle à Joseph dans son sommeil, lui disant de prendre l'enfant et sa mère et de retourner à la terre d'Israël car Hérode et ceux qui, avec lui, en voulaient à la vie de l'enfant, étaient morts.

Il y a beaucoup de détresse et beaucoup de chagrin parmi leurs amis et leurs connaissances qui soupirent, se plaignent bruyamment et pleurent en raison de la grande perte de leur bienfaitrice. La Sainte famille part pour la Palestine en compagnie des anges comme pour leur voyage sortant et partout où ils passent, ils dispersent des grâces et des bénédictions ; les nouvelles de leur passage attirant une fois de plus des foules de malades et d'affligés, qui trouvent tous soulagement dans le corps et l'âme alors que beaucoup sont guéris, les démons expulsés et les âmes éclairées.

Ils trouvent leur maison de Nazareth, ayant été laissée à la charge du cousin de Joseph, en bon état.

Marie entre et se prosterne immédiatement en adoration devant le Seigneur et en remerciement pour les avoir conduit en sécurité loin de la cruauté d'Hérode, de les avoir préservés face aux dangers de leur long et ardu voyage et de leur bannissement et ensuite pour les avoir ramenés en sécurité à leur maison, en compagnie de son fils, maintenant plus âgé, de la grâce et de la vertu.

Une fois de plus, ils installent, ordonnant leur vie pour que Marie continue de recevoir une instruction de son fils et de s'occuper de lui et de son conjoint, tandis que Joseph travaille pour gagner la subsistance de Jésus et de Marie en tant que chef de famille.

Peu après leur retour à Nazareth, Jésus décide de tester la force de l'amour de Marie et de toutes ses vertus, pour élever le niveau de la sainteté de Marie à être seconde seulement derrière celle de Dieu. Soudainement, sans prévenir, il devient réservé, se retire de sa vue intérieure, suspend ses marques d'affection pour elle, se retire aussi de sa compagnie et même si il reste physiquement présent, il lui parle seulement occasionnellement et même alors, avec une beaucoup de révérence.

Ce changement inattendu est la forge dans laquelle l'or pur de l'amour de Marie pour son Seigneur est encore une fois purifié, comme son cœur, comme si frappé d'une flèche, est arraché par le chagrin. N'ayant reçu aucune explication sur ce comportement, surprise et ne sachant pas quelle pourrait être son origine, Marie se réfugie dans son humilité et attribue ces actions à son ingratitude et aux autres insuffisances de sa part. Elle est remplie de crainte pas tellement à l'idée de la privation de ses grâces délicieuses mais pour avoir échouée dans son service et ainsi lui avoir déplu. Elle exécute des actes héroïques de toutes les vertus, s'humiliant elle-même plus bas que la poussière, adorant son fils, en remerciant le Père éternel pour ses œuvres admirables et les bénédictions, cherchant à savoir son désire afin de s'y acquitter en toutes choses, renouvelant sans cesse ses actes de foi, d'espérance et d'amour, persévérant dans la prière larmoyante déversant sa douleur devant le trône de Dieu.

Ses soupirs aimants et sa tendre affection meurtrissent son cœur, mais il maintient sa réserve extérieure, l'évitant à chaque fois qu'elle cherche à converser avec lui. Un tel évitement intensifie seulement son chagrin et l'amène à le chercher plus encore, et cela se poursuit pendant trente jours - ce qui équivaut à plusieurs siècles dans son estimation à elle, qui estime qu'il est impossible de vivre même un instant sans son bienaimé - afin que la flamme de l'amour dans son cœur soit attisée d'un feu intense.

Finalement, la mère aimante s'approche et se jette aux pieds de son fils, adorant et suppliant son pardon en disant :

' Mon doux amour et mon bien le plus cher...Si je n'ai pas été zélée à vous servir, comme je suis contrainte d'avouer, châtie ma négligence et pardonne moi. Mais permet-moi, mon fils et Seigneur, de voir la joie de ton visage, ce qui est mon salut et la lumière de ma vie. Ici à vos pieds j'étends ma pauvreté, la mélangeant à la poussière, et je ne m'en relèverai pas jusqu'à ce que je puisse à nouveau regarder dans le miroir, qui reflète mon âme. »

Le cœur de l'enfant, Jésus, après les trente jours, ne peut plus résister à l'immense force de son amour pour sa douce mère car il souffre également incroyablement violemment en la tenant à distance.

« Ma mère, lèves-toi. » dit Jésus, simplement, mais à ses mots, Marie est soulevée dans l'extase, sa vision de la divinité est restaurée et elle voit le Seigneur l'accueillir avec la douce étreinte de bienvenue d'un père et d'un conjoint, ses larmes sont transformées en réjouissance, sa souffrance en plaisir, son amertume en la plus grande douceur.

Marie Enseigne à Jésus, Judas et James.

Le son de Joseph travaillant dans son atelier de Nazareth dérive dans le silence de la salle à manger où Marie cout des bandes de laine qu'elle a elle-même tissés. Ces bandes, qui sont d'environ un mètre et demi sur trois mètres de long, elle envisage d'en faire un manteau pour Joseph.

Des haies hérissées de petites marguerites violet-bleu en pleine floraison peuvent être vu à travers la porte ouverte qui mène dans le potager, annonçant l'automne, bien que les plantes dans le jardin soit encore épaisses et belles avec un feuillage vert.

Des abeilles de deux ruches appuyées contre un mur ensoleillé volent au le soleil, un bourdonnant et dansant des figuiers aux vignes et puis sur le grenadier chargé de fruits ronds, dont certains ont déjà éclatés par croissance excessive, découvrant des ficelles de rubis juteuses alignées à l'intérieur de corps vert-rouge, divisés en sections jaunes.

Jésus, sa petite tête blonde comme un éclat de lumière, joue sous les arbres avec deux garçons, ses cousins James et Judas, qui à peu près de son âge. Ils ont les cheveux bouclés, mais ils ne sont pas blonds.

L'un, au contraire, a des boucles très sombres qui rendent son petit visage rond encore plus blanc et deux très beaux, yeux violet-bleu grand ouverts.

L'autre est moins bouclé et ses cheveux sont brun foncé, ses yeux brun aussi et son teint plus sombre, avec une teinte rosée sur ses joues.

Les trois enfants jouent aux boutiques en parfaite harmonie avec les petits chariots dans lesquelles se trouvent divers articles : feuilles, petites pierres, copeaux de bois, petits morceaux de bois.

Jésus est celui qui achète des choses pour sa maman, à qui il amène maintenant une chose, puis une autre. Marie accepte tous les achats avec le sourire.

Puis le jeu change. James, l'un des deux cousins propose: « nous devons jouer à l'exode d'Égypte. Jésus sera Moïse, je serai Aaron et toi... Marie. '

« Mais je suis un garçon ! » proteste de Judas.

"Ça ne fait rien. C'est pareil. Tu es Marie, tu dois danser devant le veau d'or et le veau d'or c'est cette ruche là-bas. '

"Je ne vais pas danser. Je suis un homme et je ne veux pas être une femme. Je suis un croyant fidèle et je ne vais pas danser devant une idole. '

Jésus les interrompt: ' Ne jouons pas cette partie. Nous devrions jouer celle-ci : quand Joshua est élu successeur de Moïse. Alors, il n'y aura pas un terrible péché d'idolâtrie et Judas sera heureux d'être un homme et mon successeur. Es-tu heureux? »

"Oui, je le suis, Jésus. Mais alors, tu devras mourir, parce que Moïse meurt par la suite. Mais je ne veux pas que tu meurs ; Tu as toujours été si attaché à moi. »

"Tout le monde meurt... mais avant de mourir, je vais bénir Israël, et puisque vous êtes les seuls ici, je vais bénir l'ensemble d'Israël en vous. '

Ils sont d'accord. Il y a une discussion : le peuple d'Israël, après avoir beaucoup voyagé, avait-il encore les mêmes charrettes que lorsqu'ils ont quitté l'Égypte. Il y a une divergence d'opinion.

Ils en appellent à Marie. « Maman, je dis que les Israélites avaient encore les charrettes. James dit qu'ils ne les avaient plus. Judas ne sait pas. Qui a raison. Le sais-tu? '

« Oui, mon fils. Les peuples nomades avaient encore leurs charrettes. Ils les ont réparés quand ils se sont arrêtés pour reposer. Les personnes les plus faibles voyageaient dessus et aussi les denrées alimentaires et les nombreuses choses qui étaient nécessaires pour tant de gens ont été chargées dessus. À l'exception de l'arche, qui a été exécutée à la main, tout le reste était sur les chariots. '

La question ayant maintenant été répondu, les enfants descendent jusqu'au fond du verger et de là, chantant des Psaumes, ils viennent vers la maison, avec Jésus dans le chant de Psaumes principal avec sa douce voix argentée, suivi de Judas et de James tenant un petit panier élevé au rang de Tabernacle.

Mais puisqu'ils doivent également jouer le rôle du peuple, en plus d'Aaron et Joshua, avec leurs ceintures, ils ont attaché autres chariots miniature à leurs pieds et ainsi ils procèdent très sérieusement, comme de vrais acteurs.

Ils parcourent toute la longueur de la pergola et lorsqu'ils passent devant la porte de la chambre de Marie, Jésus dit: ' maman, loue l'arche quand elle passe. '
Marie se lève en souriant, et elle s'incline devant son fils qui passe, rayonnant dans le soleil.

Puis Jésus grimpe sur le côté de la montagne qui forme la limite extérieure du jardin, se tient debout sur le dessus de la petite grotte et parle à... Israël, répétant les ordres et les promesses de Dieu. Puis il Joshua nomme chef, l'appelle, et puis Judas à son tour monte en haut de la falaise. Jésus-Moïse encourage et bénit Judas-Joshua... et puis il demande une... tablette (une grande feuille de vigne), écrit le Cantique et le lit.

Il n'est pas tout à fait complet, mais il contient une grande partie de celui-ci, et il semble faire la lecture de la feuille. Puis il écarte Judas-Joshua qui l'embrasse en pleurant. Jésus-Moïse monte alors plus haut, jusqu'au bord de la falaise et de là, bénit la totalité d'Israël, qui est les deux qui sont prostrées sur le sol. Ensuite, il s'allonge sur l'herbe rase, ferme ses yeux et... meurt.

Quand elle le voit encore sur le sol, Marie, qui a regardé de la porte en souriant, crie: «Jésus, Jésus ! Lève-toi! Ne te couche pas comme ça ! Ta maman ne veut pas te voir mort ! '

Jésus se lève en souriant, court vers elle et l'embrasse. James et Judas aussi descendent et reçoivent les caresses de Marie.

« Comment Jésus peut-il retenir ce cantique qui est si long et difficile et toutes ces bénédictions ? ' Demande James.

Marie sourit et répond : « sa mémoire est très bonne et il accorde beaucoup d'attention quand je lis. '

« Moi aussi, à l'école, je fais attention. Mais ensuite je deviens endormi avec tout le brouhaha... je n'apprendrai jamais alors ? '

« Tu vas apprendre, sois bon. '

On frappe à la porte et Joseph marcherapidement à travers le verger et la maison et l'ouvre.

« Paix à vous, Alphée et Marie » Joseph accueille son frère et sa belle-sœur, qui ont quitté leur charrette rustique et leur âne en bonne santé qui attend dans la rue à l'extérieur.

« Et à toi, et béni sois-tu! »

« Vous avez fait bon voyage? »
"Très bon. Et les enfants? "
« Ils sont dans le jardin avec Marie ».

Mais les enfants sont venus saluer leur mère. Tout comme Marie, tenant Jésus par la main. Les deux belles-sœurs s'embrassent.

« Ont-ils été sages? » demande la Marie d'Alphée

« Très sages et très gentils » répond Marie. «Les membres de la famille vont-ils tous bien? »

« Oui, ils vont bien. Ils vous envoient leurs salutations. Et ils vous ont envoyé de nombreux cadeaux de Cana ; raisins, pommes, fromage, œufs, miel...
Et..,Joseph?...J'ai trouvé exactement ce que tu voulais pour Jésus. C'est dans la charrette, dans le panier rond. » Ajoute la Marie d'Alphée, se penchant sur Jésus, qui la regarde avec ses yeux grands ouverts.
'.......Sais-tu ce que j'ai pour toi ? .....Devine. » demande-t-elle, embrassant ses deux bandes de ciel bleu.

Jésus réfléchit, mais il n'arrive pas à deviner... peut-être délibérément afin de donner à Joseph la joie de lui faire une surprise. Joseph, en fait, arrive, transportant un grand panier rond, il le pose sur le sol devant Jésus et délie la corde qui maintient le couvercle en place et le soulève... et un petit mouton blanc, un véritable troupeau de mousse, apparaît, dormant dans le foin propre.

« Oh! » s'exclame Jésus, joyeusement surpris et heureux. Il est sur le point de se précipiter vers le petit animal mais alors se tourne et court vers Joseph, qui est toujours penché au-dessus du panier, l'embrasse et le remercie.

Les deux petits cousins regardent avec admiration la petite créature, qui est maintenant éveillée et soulève sa petite tête rose, bêlant, à la recherche de sa mère. Ils le transporter hors du panier et lui offrent une poignée de trèfles et il les prend, en regardant alentour de ses yeux doux.

"Pour moi ! Pour moi ! Merci père! "chante Jésus avec joie.

« L'aimes-tu à ce point! »

' Oh ! Beaucoup! » Blanc, propre... un petit agneau...Oh! »Puis il jette ses petits bras autour du cou de la brebis, pose sa tête blonde sur sa petite tête et reste ainsi, heureux.

« J'ai apporté deux autres, également pour vous » dit Alphée à ses fils. "Mais ils sont foncés. Vous n'êtes pas tout à fait aussi bien rangés que Jésus et vos moutons serait toujours en désordre s'ils étaient blancs. Ils seront votre troupeau ; vous les garderez ensemble et donc vous ne traînerez plus dans les rues, petits garnements, en vous jetant des pierres. »

Judas et James courent tous deux à la charrette et regardent les deux petit moutons, qui sont plus noirs que blancs, tandis que Jésus amène son mouton dans le jardin, lui donne un peu d'eau à boire, et le petit animal de compagnie le suit comme s'il l'avait connu depuis toujours. Jésus l'attire à lui et l'appelle « Neige » et le mouton bêle joyeusement en réponse.

Les invités s'assoient à la table et Marie leur offre du pain, des olives, du fromage et un bidon de liquide d'une couleur très pâle qui pourrait être de cidre ou de l'eau sucré avec du miel.

Les adultes conversent tandis que les trois garçons jouent avec leurs animaux de compagnie que Jésus veut réunis, pour qu'il puisse leur donner un nom et de l'eau.
« Le tien, Judas, s'appellera « Etoile », parce qu'il a une marque sur son front...Et le nom du tien sera « Flamme » parce qu'il a les couleurs flamboyantes de certaines bruyères foudroyantes. »

« D'accord ».

Les adultes parlent et Alphée dit « J'espère que j'ai résolu la question des querelles des garçons. J'ai eu l'idée par ta demande, Joseph. Je me suis dit: "mon frère veut un petit mouton pour Jésus afin qu'il puisse avoir quelque chose avec quoi jouer. Je vais en prendre deux de plus pour ces vilains garçons afin de les garder calmes et d'éviter des discussions continues avec d'autres parents à propos de bleus à la tête et de genoux écorchés... avec l'école et les moutons, je réussirai peut-être à les garder." Mais cette année, vous aussi, vous devrez envoyer Jésus à l'école. Il est temps »

« Je n'enverrai jamais Jésus à l'école. » dit Marie résolument. Il est tout à fait inhabituel de l'entendre parler ainsi et plus encore, de l'entendre parler devant Joseph.

' Pourquoi ? L'enfant doit apprendre pour être prêt au bon moment à passer son examen lorsqu'il vient en âge de le faire... "

« L'enfant sera prêt. Mais il n'ira pas à l'école. C'est assez établi. »

« Vous serez la seule femme en Israël à faire cela. »

"Je serai la seule. Mais c'est ce que je vais faire. N'est-ce pas juste, Joseph ? »

« Oui, c'est correct. Il n'y a aucun besoin pour Jésus d'aller à l'école. Marie a grandi dans le Temple, et elle connait la Loi comme n'importe quel médecin. Elle sera son professeur. C'est ce que je veux aussi. »

« Vous gâtez trop le garçon. »

"Vous ne pouvez pas dire cela. C'est le meilleur garçon à Nazareth. L'avez-vous déjà entendu pleurer, ou être méchant, ou être désobéissant ou manquer de respect? »

' Non, c'est vrai. Mais il va faire tout cela si vous continuez à le gâter. »

"Vous ne gâtez pas nécessairement vos enfants juste parce que vous les gardez à la maison. De les garder à la maison implique de les aimer avec bon sens et sans réserve. Et voilà comment nous aimons notre Jésus. Et étant donné que Marie est mieux éduquée qu'un enseignant, elle sera l'enseignante de Jésus. »

« Et quand votre Jésus sera un homme, il sera comme une petite femme stupide qui a peur même des mouches ».

"Il ne le sera pas. Marie est une femme forte et elle lui donnera une éducation virile. Je ne suis pas un lâche et je peux lui donner des exemples d'homme. Jésus est une créature sans défauts physiques ou moraux. Il va, par conséquent, grandir, droit et fort, aussi bien dans son corps que dans son esprit. Tu peux être sûr de cela, Alphée. ....Il ne sera pas une honte pour la famille...En tout cas, c'est ce que j'ai décidé, et c'est tout. »

« Peut-être que Marie a décidé et toi... »

"Et si c'était le cas ? N'est-il pas juste que deux qui s'aiment, doivent avoir les mêmes pensées et les mêmes souhaits, afin que chacun puisse accepter la volonté de l'autre comme si elles étaient les siennes?... Si Marie voulait des choses stupides, je lui dirais « non ». Mais elle demande quelque chose qui est plein de sagesse et je suis d'accord, et je le rends mien. On s'aime l'un l'autre, nous faisons comme nous l'avons fait le premier jour, et nous allons faire ainsi tant que nous vivrons. N'est-ce pas Marie? »

« Oui, Joseph. Et espérons que cela n'arrivera jamais, mais quand l'un doit mourir sans l'autre, nous continueront encore à nous aimer. »

Joseph tapote Marie sur la tête comme si elle était une jeune fille et elle le regarde avec ses yeux d'amour serein.

« Vous avez parfaitement raison » s'accorde la Marie d'Alphée. "J'aimerais pouvoir enseigner ! Nos enfants apprennent aussi bien le bon que le mauvais à l'école. À la maison, ils n'apprennent que ce qui est bon. Mais je ne sais pas si... si Marie... »

« Qu'est-ce que tu veux, ma belle-sœur ? Exprime-toi librement. Tu sais que je t'aime et je suis heureuse quand je peux faire quelque chose qui te plaît. »

"Je pensais...Jacques et Judas sont seulement un peu plus âgé que Jésus. Ils vont déjà à l'école... pour ce qu'ils ont appris!...Jésus, connaît déjà la Loi si bien...Je voudrais... heu, je veux dire, si je te demandai de les prendre aussi, quand tu enseignes à Jésus ? Selon moi, ils se comporteraient mieux et seraient mieux éduqués. Après tout, ils sont cousins, et il est juste qu'ils s'aiment mutuellement comme des frères. Oh ! Je serais tellement heureuse! "

« Si Joseph veut et si votre mari est d'accord, je suis tout à fait prête à le faire. C'est la même chose de parler à que de parler à trois. Et c'est une joie de parcourir toute la Bible. Laissez-les venir.'

Les trois enfants, qui sont entrés silencieusement, sont à l'écoute et attendent la décision finale.

« Ils vous conduiront au désespoir, Marie. » dit Alphée.

' Non ! Ils sont toujours sages avec moi. Vous serez sage si je vous enseigne, n'est-ce pas? »

Les deux garçons s'approchent et se tiennent de part et d'autre de Marie, plaçant leurs bras autour de ses épaules, leurs petites têtes s'appuyant sur ses épaules et promettent tout le bien dans le monde.

« Laisse-les essayer, Alphée et laisse-moi essayer. Je suis sûre que tu ne seras pas mécontent de l'essai. Ils peuvent venir tous les jours de la sixième heure (midi) jusqu'au soir (18 heures – au coucher du soleil). Ce sera assez, crois-moi. Je sais comment enseigner sans les fatiguer. Il faut retenir leur attention et les laissez se détendre en même temps. Il faut les comprendre, les aimer et être aimé par eux, si vous souhaitez obtenir de bons résultats. ....Et vous allez m'adorer, n'est-ce pas ?

Et Marie reçoit deux grosses bises en réponse.

« Tu vois? »

« Je vois. Je peux seulement dire: « Merci. » Et que dira Jésus quand il verra sa maman occupé avec d'autres ? Que diras-tu Jésus? »

"Je dit: « Heureux sont ceux qui l'écoutent et construisent leurs maisons près de la sienne. » En ce qui concerne la sagesse, heureux sont ceux qui sont les amis de ma mère, et je suis heureux que ceux que j'aime soient ses amis. »

« Mais qui met de tels mots sur les lèvres d'un enfant? » Demande l'Alphée, abasourdi.

« Personne, frère. Personne dans ce monde. »

Et donc, Marie devient le professeur de Jésus, Judas et James et les trois garçons, cousins, grandissent en s'aimant les uns les autre comme des frères, grandissant ensemble, « comme trois pousses, soutenus par un piquet »..., Jésus est son élève exactement comme ses cousins le sont. Et par le biais de ce semblant de vie normale, le « sceau » est conservé sur le secret de Dieu contre les enquêtes du malin.

Préparatifs pour la Venue en Age de Jésus

Marie est penchée sur un vase en terre cuite, utilisant un bâton pour remuer son contenu qui remplit l'air clair et frais du potager avec de la vapeur.

Elle est vêtue d'une lourde robe brun foncé, si sombre qu'elle est presque noire, et d'un tablier fait d'un rêche morceau de tissu de protection.

A l'extérieur, c'est le cœur de l'hiver et, à l'exception des oliviers, toutes les plantes et les arbres sont nus et se dressent comme des squelettes contre le ciel clair, dans le magnifique soleil qui n'enlève rein à la morsure du vent glacial qui secoue les branches nues et les petites branches vert-gris des oliviers.

Marie sort le bâton du pot, mouille ses doigts avec les gouttes rouge rubis qui en dégoulinent, les compare à la couleur de son tablier et semble satisfaite.

Elle va dans la maison et revient avec plusieurs longues bobines lâches de laine blanche comme neige qu'elle plonge soigneusement et patiemment dans le vase, une à la fois. Alors qu'elle travaille, entre la Marie d'Alphée, provenant de l'atelier de Joseph, et elles se saluent mutuellement et discutent.

« Ca ressort bien? », demande la Marie d'Alphée.

« Je l'espère. »

« Cette gentille dame m'a assurée que c'est exactement la couleur, et c'est exactement comme ça ils le font à Rome. Elle me l'a donné seulement à grâce à toi, en raison du travail de broderie que tu as fait pour elle...Elle a dit que même à Rome, il n'y personne qui peut broder si bien. Tu as dû te rendre aveugle à le faire... »

« C'est une simple bagatelle! », dit Marie, souriant et hochant la tête.

La Marie d'Alphée examine les dernières bobines de laine avant de les remettre à Marie. « Tu les a tournées tellement magnifiquement ! Elles sont tellement minces et lisses qu'elles ressemblent à des cheveux...Tu fais tout bien. Et tu es tellement rapide!... ces dernières seront d'une couleur plus pâle? "

« Oui, elles sont pour la tunique. Le manteau est plus sombre. »

Les deux femmes travaillent ensemble à la cuve. Puis elles retirent les bobines d'une belle couleur pourpre, courent rapidement pour les tremper dans l'eau glacée dans un petit récipient sous le mince filet d'eau babillant doucement, les rincent à plusieurs reprises et puis les posent sur des cannes attachées aux branches des arbres.

« Ils sécheront rapidement et bien avec ce vent. », déclare la Marie d'Alphée.

"Allons avec Joseph. Il y a un feu là-dedans. Tu dois être gelée. » Dit Marie. "C'est très gentil à toi de m'aider. Je l'ai fait très rapidement et sans beaucoup de travail. Je te suis très reconnaissante. »

' Oh ! Marie ! Que ne ferais-je pas pour toi ! Être proche de toi est une grande joie. Et puis... tout ce travail est pour Jésus. Et il est tellement cher, ton fils!...Je me sentirais comme si il est aussi mon fils, si je t'aide avec son festin quand il vient en âge. »

Les deux femmes entrent dans l'atelier qui sent fortement le bois raboté, un atelier du menuisier typique.

Jésus est devenu un garçon grand, fort, bien bâti, mince et beau de douze ans, qui a l'air plus vieux que ses années. Déjà, il atteint les épaules de sa mère et maintenant ressemble plus à un très jeune frère de sa très jeune mère. Ses cheveux blonds bouclés sont maintenant plus long, descendant en-dessous de ses oreilles et ressemblant à un petit casque d'or entièrement forgé en boucles brillantes, déjà un peu plus sombres que lorsqu'il était un garçon, avec des reflets auburn. Ils ne sont plus les boucles gracieuses de son enfance et pas encore les cheveux longs ondulés de sa période d'homme qui atteignent ses épaules, se terminant par une douce grosse boucle, mais ils ressemblent déjà plus à ces derniers dans leur couleur et leur style.

Son visage rond et rose est toujours le visage d'un enfant, mais plus tard, dans sa jeunesse, puis dans sa virilité, il deviendra plus mince et perdra sa couleur rose pour devenir un albâtre délicat avec une teinte de rose jaunâtre.

Ses yeux, toujours ceux d'un enfant, sont naturellement grands et grand ouverts, avec un éclat de joie perdue dans la gravité de son regard. Plus tard, il ne les ouvrira plus aussi large...Ses cils en couvriront la moitié pour dissimuler la méchanceté excessive qu'il voit dans le monde avec son âme Pure et Sainte. Seulement quand il effectuera des miracles seront-ils ouvert et lumineux, plus brillants qu'ils les sont maintenant... pour chasser les démons, ressusciter les morts, guérir les maladies et pardonner les péchés. L'éclat du bonheur que se mêlé avec du sérieux aussi sera perdu dans la proximité de la mort, du péché et de la connaissance humaine de l'inutilité de son sacrifice en raison de la réticence et l'aversion de l'homme...Seulement en de rares moments de joie, lorsqu'il sera avec les croyants fidèles, particulièrement des personnes pures, principalement des enfants, ses yeux Saints, doux et aimables brilleront à nouveau avec bonheur.
Maintenant, il est à la maison avec sa mère et Joseph, souriant tendrement, ses petits cousins qui l'admirent lui et sa tante, la Marie d'Alphée, qui le caresse...Il est

heureux...Il a besoin d'aimer pour être heureux et en ce moment, il a de l'amour.

Il est vêtu d'une belle tunique de laine, rouge rubis clair qui pend sur ses chevilles afin que seulement ses pieds vêtus de sandales soient visibles. La tunique est lâche, parfaitement tissée dans sa minceur compact et a de longues et larges manches. Les ourlets autour du cou, les extrémités des manches et du bas qui pend au sol ont un beau motif grec, dans une nuance plus foncée, tissée dans le rubis du vêtement. C'est très beau et la Marie d'Alphée admire l'œuvre de Marie et en fait l'éloge.

Ses sandales sont neuves et bien faites, pas simples comme celles qu'il portait en tant qu'enfant.

« Voici ton fils », dit Marie, levant la main gauche de Jésus avec sa main droite. Elle semble l'initier et confirmer sa paternité à la fois. Jésus est souriant. ' « Béni soit Joseph, ajoute Marie » avant de partir pour Jérusalem. Il n'y n'avait aucune bénédiction rituelle pour sa première étape dans la vie, car il n'était pas nécessaire pour lui d'aller à l'école. Mais maintenant qu'il va au Temple pour être proclamée en âge, bénit-le s'il te plaît. Et bénit moi avec lui. Ta bénédiction... » Pleure Marie doucement '... va lui fortifier et Me donner la force de me détacher un peu plus de lui... »

« Marie, Jésus sera toujours tien. La formalité n'affectera pas nos relations mutuelles. Ni ne me contiendrais-je avec toi pour ce fils, qui nous est si cher. Personne ne mérite, comme toi, de le guider dans la vie, Ô ma Sainte épouse. »

Se baissant, Marie prend et embrasse la main de Joseph, l'époux affectueux et respectueux de son union !

Joseph reçoit le signe d'amour et de respect avec dignité puis pose la paume de la main qui a été embrassée sur sa tête disant solennellement: « Oui, je te bénis, Ô bienheureuse et je bénis Jésus avec toi... « et il pose la paume de l'autre main sur la tête de Jésus »...venez à moi, ma seule joie, mon honneur et l'essence de ma vie.' prononce Joseph au-dessus des deux têtes penchées, toutes deux aussi blondes et aussi Saintes '... Puisse le Seigneur vous regarder et vous bénir. Puisse-t-il avoir pitié de vous et vous donner la paix. Que le Seigneur vous donne sa bénédiction... "Puis il ajoute"...Et maintenant, nous devons partir. L'heure est propice au voyage. »

Marie prend un large manteau brun foncé et enveloppe le corps de son fils, lui caressant tendrement en même temps.

Ils ferment la porte derrière eux et partent pour Jérusalem, avec d'autres pèlerins allant dans le même sens.

En dehors du village, les femmes se séparent des hommes, mais les enfants sont libres d'aller où ils veulent. Jésus reste avec sa mère.

Les pèlerins vont à travers le pays, magnifique au printemps, chantant des Psaumes la plupart du temps. Les prés et les cultures dans les champs sont frais et les feuilles sur les arbres ont à peine commencé à sortir. Dans les champs le long de la route, les hommes chantent avec eux et les oiseaux aussi chantent leurs chansons d'amour dans les branches des arbres. Les ruisseaux d'eau claire reflètent, comme des miroirs, les fleurs sur leurs rives et les petits agneaux sautent pour rester près de leurs mères. Il y a de la paix et du bonheur sous le plus beau ciel d'avril...

Jésus Examiné au Temple lorsqu'Il est en Age.

C'est la fête des pains sans levain (Pâques) qui dure sept jours. Les premiers et les derniers jours de prière sont les plus importants et donc les pèlerins restent à Jérusalem pendant cette durée.

Il y a des flots de gens qui entrent et sortes des portes de l'enceinte du Temple, traversant les coures, les salles, les porches, disparaissant dans tel ou tel bâtiment dans les différents étages, au sein de la plus grande partie du Temple.

Le groupe de la famille de Jésus commencent à chanter des Psaumes à voix basse, les hommes devant et les femmes derrière. D'autres ont les ont rejoint, peut-être de Nazareth ou de Jérusalem.

Les femmes s'arrêtent sur l'estrade basse et les hommes continuent jusqu'à l'endroit où ils adorent le très-haut.

Puis Joseph se sépare des autres, et avec son fils, retourne par quelques coures et ensuite va dans une salle qui ressemble à une synagogue. Il parle à un Lévite, qui disparaît derrière un rideau à franges et revient avec des prêtres plus âgés ; des Docteurs de la Loi, chargées d'examiner les croyants.

Jésus et Joseph, s'inclinent tous deux bassement devant les dix médecins, qui s'assoient avec dignité sur des tabourets en bois bas.

« Voici. », dit Joseph "C'est mon fils. Il y a trois mois et douze jours, il a atteint l'âge auquel la loi prescrit de devenir en âge. Et je tiens à ce qu'il se conforme aux prescriptions d'Israël... Je vous demanderai de noter que sa constitution prouve qu'il n'est plus dans son enfance ou sa minorité. ......Et je vous demande de l'examiner gentiment et équitablement, pour juger que ce que je, son père, ai dit ici, est la vérité. Je l'ai préparé pour cette heure et à cette dignité de fils de la Loi. Il connaît les préceptes, les traditions, les coutumes de la franges * et les phylactères **, les décisions, il sait comment dire les prières quotidiennes et les bénédictions...

* des franges nouées portées sur les coins du châle de prière pour rappeler aux Juifs les commandements de Dieu.
** une boîte de petits articles en cuir qui contient les textes juifs sur vélin, porté par les hommes Juifs à la prière du matin, comme un rappel d'observer la Loi

... donc, puisqu'il il sait la loi en elle-même et en ses trois branches de Halascia, Midrasc et Aggada, il peut se comporter comme un homme. Donc, je tiens à être à l'abri de la responsabilité de ses actes et de son sis. Par la suite, il doit être sujet aux préceptes et il doit payer lui-même la peine de ses incapacités à leur égard. Examinez-le. »

"Nous le ferons. Avance-toi, enfant. Comment t'appelles-tu? »

« Jésus de Joseph, de Nazareth. »

' Un Nazaréen...Peux-tu donc lire? »

« Oui, rabbin, je peux lire les mots qui sont écrits et ceux qui sont construits dans les mots eux-mêmes. »

« Que veux-tu dire? »

« Je veux dire que je comprends aussi le sens de l'allégorie ou le symbole qui est caché sous l'apparence, comme une perle n'apparaît pas, mais elle est à l'intérieur d'une laide coque fermée. »

"Une réponse intelligente, et très sage. Nous entendons rarement cela sur les lèvres des adultes ; d'un enfant et un Nazaréen en plus!...'

L'attention des dix a été réveillée et leurs yeux ne s'égarent pas un seul instant du le bel enfant blond, qui les regarde, sûr de lui, sans audace, ni peur.

« Tu honores ton maître, qui certainement, a été lu profondément. »

« La sagesse de Dieu a été recueillie en son cœur juste. »

' Mais écoutez cela ! Vous êtes un homme heureux, avec un tel fils! "

Joseph, de sa place à l'autre bout de la pièce, sourit et s'incline.

Ils donnent à Jésus trois rouleaux chacun attaché avec un ruban de couleur différent.

« Lis celui fermée avec un ruban d'or. »

Jésus ouvre le rouleau et les lit. C'est le Décalogue-les dix commandements-, mais après quelques mots, un des juges lui prend le rouleau en disant: « continues de mémoire. » Jésus continue, aussi sûr de lui-même comme que si il était en train de lire, et chaque fois qu'il mentionne le Seigneur, il s'incline profondément.

« Qui t'a appris cela ? Pourquoi fais-tu cela? »

« Parce que le nom est Saint et il doit être prononcé avec un signe de respect interne et externe. Les sujets s'inclinent devant leur roi, qui n'est roi que pendant une courte période et il est poussière. Pour le roi des rois, le plus haut Seigneur d'Israël, qui est présent même s'il n'est visible que par l'esprit, chaque créature ne le doit-elle pas puisque chaque créature dépend de lui avec un assujettissement éternel ?

« Très intelligent ! Homme : nous vous conseillons d'avoir votre fils éduqué par Hillel ou Gamaliel. Il est Nazaréen... mais ses réponses nous donnent l'espoir qu'il deviendra un nouveau grand médecin. »

« Mon fils est en âge. Il décidera selon sa propre volonté. Si sa décision est honnête, je ne m'y opposerai pas. »

« Ecoute, enfant, tu as dit: "souviens-toi de sanctifier les jours de fête. Non seulement pour toi-même, mais aussi pour ton fils et ta fille, ton serviteur et ta servante, même pour ton cheval il est dit qu'ils ne doivent pas travailler aux Sabbats. » Maintenant dis-moi : si une poule pond un œuf sur un jour de repos ou une brebis fait un agneau un jour de Sabbat, serait-ce légal d'utiliser le fruit de ses entrailles, ou serait-ce reconnu comme grave inconduite? »

"Je sais que de nombreux rabbins ; Shammai est le dernier d'entre eux et est encore en vie, disent qu'un œuf pondu un jour de Sabbat est contre le précepte. Mais je pense qu'il y a une différence entre l'homme et l'animal ou quiconque effectue un acte naturel comme l'accouchement......Si j'ai forcé un cheval au travail, je suis responsable de son péché, parce que je le force à travailler avec un fouet... Mais si une poule pond un œuf qui a mûri dans son ventre, ou un mouton fait un petit agneau un jour de Sabbat, parce qu'il est prêt à naître, non, cette action n'est pas un péché. ....N'est pas non plus l'œuf pondu ou l'agneau né un jour de Sabbat un péché aux yeux de Dieu. »

« Mais pourquoi, si tout type de travail est un péché aux Sabbats? »

« Parce que de concevoir et de donner naissance correspond à la volonté du créateur et respecte les lois qu'il a donné à toutes créatures...Maintenant, la poule ne fait qu'obéir à la loi selon laquelle, après tant d'heures de croissance, un œuf est complet et prêt à être pondu...Et les moutons aussi obéissent aux lois posées par celui qui a tout créé, selon quelles lois, deux fois par an, quand le printemps est sur les Prairies en fleurs et quand les arbres dans la forêt perdent leurs feuilles et les hommes eux-mêmes se couvre en raison de l'intense froid, le mouton devrait s'accoupler afin que plus tard ils puisse donner du lait, de la viande et du fromage nourrissants, dans les saisons opposées de l'année. Dans les mois lorsque la fatigue pour les cultures est plus difficile ou la désolation est plus douloureuse à cause de la gelure. Si un mouton donc, quand son heure est venue, donne naissance à un petit agneau, oh ! Le petit agneau peut également être sacrifié sur l'autel, car c'est un fruit de l'obéissance au créateur. »

"Je ne l'examinerai pas plus. Sa sagesse est supérieure à celle de beaucoup de grandes personnes et est vraiment surprenante. »

' Non, il a dit qu'il est capable de comprendre aussi les symboles. Nous devons l'entendre. »

« Tout d'abord, laissons-le dire un psaume, les bénédictions et les prières. »

«Les préceptes aussi. »

« Oui, répète la Midrrasciot. »

Jésus répète une longue litanie de " Ne fais pas ci... Ne fais pas ça..."sans aucune hésitation.

« C'est assez. Ouvre le rouleau avec le ruban vert. »

Jésus ouvre et s'apprête à lire...

« Plus loin, oui, plus loin. »

Jésus obéit.

« C'est assez. Maintenant lis et explique, si tu penses qu'il y a un symbole. »

' Dans la parole sacrée, il est rarement absent. C'est nous qui ne pouvons pas le voir et de l'appliquer. Je lis : quatrième livre des rois, chapitre vingt-deux, verset 10 : « puis Schaphan, le Secrétaire, informa le roi en disant: "Hilkija, le souverain sacrificateur, m'a donné un livre" ;et Schaphan le lit à haute voix en présence du roi. En apprenant le contenu de la Loi de Dieu, le roi déchira ses vêtements et donna ce qui suit... "

« Lire après tous les noms. »

".... L'ordre suivant:' allez consulter Yahvé, en mon nom et celui du peuple, au nom de toute la Judée, sur le contenu de ce livre qui a été trouvé. Très grande en effet doit être la colère de Yahvé flairant contre nous parce que nos ancêtres n'obéissent pas à ce que dit ce livre, en pratiquant tout écrit qu'il porte... »

« C'est assez. Cela s'est passé il y a plusieurs siècles. Quel symbole trouves-tu dans un événement de l'histoire ancienne? »

« Je trouve que ce moment ne peut pas être lié à ce qui est éternel. Et Dieu est éternel. Et notre âme est éternelle. Et la relation entre Dieu et notre âme est éternelle. Donc la chose qui a donné lieu à une punition alors est la même chose qui donne lieu à une punition maintenant et les effets de la faute sont identiques. "

« C'est? »

"Israël n'a plus la connaissance de la sagesse, qui vient de Dieu. C'est à lui et non à des hommes pauvres, que nous devons demander la lumière. Et il n'est pas possible d'avoir la lumière s'il n'y a aucune justice ni loyauté envers Dieu...C'est pourquoi les hommes pèchent, et Dieu, dans sa colère, les punit. »

"Nous ne sommes plus érudits ? ....Mais que dis-tu mon enfant ? Et les six cent treize préceptes?'

"Les préceptes existent, mais il n'y a que des mots ; nous les connaissons, mais nous ne les pratiquons pas... c'est pourquoi nous n'en avons pas la connaissance. C'est le symbole : chaque homme, dans chaque période, doit consulter le Seigneur pour connaître sa volonté et s'y conformer pour éviter d'attirer sa colère sur lui. »

« L'enfant est parfait. Même pas dans le piège de la question délicate l'a bouleversé dans sa réponse. Nous devons l'emmener à la vraie synagogue. »

Ils vont dans une salle plus grande, plus splendide, où la première chose qu'ils font, est de raccourcir ses cheveux et Joseph ramasse ses grandes boucles.
Puis ils resserrent sa tunique rouge avec une longue bande enroulée plusieurs fois autour de sa taille et lient de petites franges à son front, son bras et son manteau, les fixant avec

des goujons. Puis ils chantent des Psaumes et Joseph loue le Seigneur avec une longue prière, appelant toutes les bénédictions sur son fils.

La cérémonie terminée, Jésus va avec Joseph rejoindre leurs parents de sexe masculin, ils achètent un agneau et l'offrent comme victime sacrifiée avant de rejoindre les femmes.

Marie embrasse Jésus comme quelqu'un qu'elle n'a pas vu depuis de nombreuses années. Elle se penche sur lui, maintenant plus viril dans ses vêtements et dans le style de ses cheveux et le tapote...

Et puis ils partent.

Jésus Est Porté Disparu A Jérusalem

Après la fête de sept jours, la Sainte famille avec les autres pèlerins venus de Nazareth, se regroupent pour partir pour Jérusalem et revenir à Nazareth. Une fois de plus, comme d'habitude, les hommes se séparent des femmes, laissant les enfants libres d'aller avec le père ou la mère. Jésus saisit cette occasion pour se retirer de ses deux parents à leur insu. Joseph suppose que l'enfant est avec sa mère, comme c'est généralement le cas, et n'envisage pas un seul instant que Marie puisse partir sans lui, compte tenu de son grand amour pour lui.

Marie, pour sa part, a moins de raisons de supposer que Jésus pourrait être avec Joseph, mais le Seigneur lui-même détourne alors ses pensées avec des réflexions Saintes et divines que son absence, dans un premier temps, passe inaperçue. Quand finalement, elle remarque l'absence de son fils à ses côtés, elle suppose ensuite que Jésus est resté avec Joseph pour sa consolation.

Ainsi rassurés, Marie et Joseph voyagent toute une journée et les pèlerins se dispersent en prenant différents chemins. Finalement, Joseph et Marie se réunissent à l'endroit prévu le premier soir après avoir quitté Jérusalem. Ça a été un long voyage ; les lits sont faits pour que les pèlerins se reposent. De la nourriture est préparée et prête à être distribuée. Alors seulement, ils réalisent que Jésus n'est avec aucun des deux parents. Ils sont frappés de mutisme par l'étonnement et pendant un certain temps, aucun d'eux ne peut parler. Marie commence alors à trembler, son visage devient pâle, ses yeux s'ouvrent, mais il n'y a aucune explosion de larmes et de cris. Régie par la profonde humilité comme ils le sont, chacun des parents est accablé de remords d'avoir négligé de veiller sur Jésus, chacun se blâme pour son absence. Quand ils ont récupéré un peu de leur étonnement, dans la plus profonde douleur, ils prennent conseil entre eux sur ce qui doit être fait.

'....Mon cœur ne peut se reposer, à moins que nous retournions en toute hâte à Jérusalem pour retrouver mon très Saint fils. » Dit Marie.

Ils commencent leur recherche avec leur famille et leurs amis mais aucun n'a vu Jésus depuis le départ de Jérusalem et leurs réponses ne font qu'augmenter l'anxiété de Marie et de Joseph. Ils ne s'arrêtent pas pour manger et même si il fait sombre, ils retournent à Jérusalem, arrêtant les caravanes et les pèlerins sur le chemin et les interrogeant. C'est une autre longue journée de marche vers Jérusalem et commence alors à la recherche fiévreuse dans la ville.

En larmes et gémissants, ils persévèrent pendant trois jours, sans nourriture ni sommeil, remplis de tristesse et d'anxiété. Pendant ces trois jours, le Seigneur abandonne Marie à ses ressources naturelles et sa grâce, la prive de privilèges spéciaux, à l'exception de la compagnie des anges. Et pourtant, même dans cette profonde affliction, Marie ne perd pas sa paix, ni ne connaître de pensées de colère, ni ne se permettre d'expression inappropriée. Ni n'échoue-t-elle dans sa révérence et ses louanges au Seigneur, ni ne cesse ses prières et pétitions pour la race humaine.

Par disposition de Dieu, Marie ne sait pas où chercher pendant des heures. Cela n'a aucun sens pour elle de chercher un enfant dans le Temple où s'il avait été perdu dans la ville et guidé vers le Temple, il pourrait avoir pleuré pour sa mère et attiré l'attention du peuple ou des prêtres qui l'auraient aidé à retrouver sa mère avec des notes laissées aux portes.

Bien que la garde de mille anges de Marie soit témoin de sa douleur, ils ne lui donnent aucun indice permettant de trouver l'enfant. Après avoir convenu de se séparer afin de couvrir plus de terrain, Joseph et Marie fouillent les rues et ruelles de Jérusalem, en le décrivant aux femmes de Jérusalem comme 'Beau', 'blond', 'fort' mais il y en a tant comme ça, c'est trop peu pour permettre à quiconque de dire avec certitude qu'ils l'aient vu ici ou là.

Elle décide d'aller à Bethléem, dans l'espoir qu'elle puisse le trouver dans la grotte de la Nativité, mais les anges l'en empêchent en lui disant qu'il n'est pas loin.
Elle trouve que rien n'indique que Hérode Archélaos - le fils d'Hérode le grand, qui est arrivé au pouvoir en 4 av. J.C. - a fait Jésus prisonnier et elle commence à croire fermement qu'il est avec Jean le Baptiste.
Le troisième jour, elle décide d'aller le trouver là où est Jean, mais les anges l'en empêchent en lui disant que son fils n'est pas avec Jean.

Marie peut dire de leurs réponses que les anges savent où se trouve son fils mais comprennent qu'ils lui retiennent l'information sur l'ordre du Seigneur. Ils continuent leur recherche à Jérusalem.

Une femme confirme qu'un enfant correspondant à cette description est venu à sa porte la veille demander l'aumône, qu'elle a donné, et qu'elle a été ravie par la grâce et la beauté de l'enfant disant :

« Quand je lui ai donné l'aumône, je me sentais envahie de compassion de voir un enfant si gracieux dans la pauvreté et le besoin ».

C'est la première nouvelle que Marie obtient de son bien-aimée à Jérusalem et elle lui donne du réconfort. Elle poursuit sa quête et rencontre d'autres gens qui parlent de lui de la même manière et elle suit ce sentier d'information qui l'emmène à l'hôpital de la ville, comme elle raisonne que Jésus se trouverait parmi les affligés. À l'hôpital, elle apprend qu'un enfant qui correspond à la description est venu, a laissé des aumônes et a beaucoup consolé. Ces rapports réveillent les plus doux et affectueux sentiments dans le cœur de Marie et elle envoie ces doux sentiments du plus profond de son cœur comme messagers à son fils perdu.

Alors seulement la frappe la pensée que s'il n'est pas avec les pauvres, alors il n'y a aucun doute qu'il est au Temple, la maison de Dieu et de la prière.

Les anges encouragent cette pensée, lui disant que l'heure de sa consolation est proche et l'exhortant à se hâter au Temple. Joseph, qui a été frappé de chagrin pour les trois derniers jours, se hâtant de ci de là, parfois avec Marie et d'autres fois seul, sans repos, ni nourriture, reçoit aussi maintenant l'ordre par un autre ange d'aller au Temple, et il rejoint Marie.

Ces trois jours d'angoisse pour Marie et Joseph est le symbole des trois autres jours d'angoisse future.

À la fin des trois jours, Marie, épuisée, pénètre dans le Temple, marche le long des verges et des salles. Rien. Elle court, pauvre mère, quand elle entend la voix d'un enfant, et même les bêlements des agneaux lui donnent l'impression qu'elle entend son enfant pleurer et la chercher. Mais Jésus ne pleure pas. Il enseigne.

Jésus Débat avec les Docteurs dans le Temple

C'est le troisième jour après que Jésus en fait demi-tour aux portes de la ville, ayant appris la volonté du père. Se pressant de revenir à travers les rues, il sait, par sa clairvoyance divine, la souffrance que ceci causera et il offre cette souffrance au père au profit des âmes. Puis pendant les trois jours, il demande l'aumône et l'amène aux pauvres, consolant à la fois ceux qui lui donne les aumônes et ceux qui les reçoivent. Il fait une visite à l'hôpital et guérit beaucoup de corps et d'âme, les éclaire et les conduit sur le chemin du Salut. C'est le troisième jour qu'il retourne au Temple pour une leçon prédestinée par la Providence.

Jésus, dans une longue tunique de linge blanc qui descend à ses pieds et surmonté d'un morceau rectangulaire de tissu rouge pâle, est appuyé contre un mur bas sur une petite route qui continue en montée et en descente d'où il se trouve. La route est jonchée de pierres, et il y a un fossé au milieu qui doit se transformer en un ruisseau quand il pleut. Pour l'instant, la route est sèche, parce que c'est une belle journée de printemps et Jésus sourit légèrement mais est plutôt sérieux, regardant alentour et en contrebas d'un groupe de maisons dans une formation irrégulière ; certaines hautes, d'autres basses et elles sont toutes dispersées dans toutes les directions, comme une poignée de pierres blanches jetée négligemment sur le sol sombre, avec ses rues et ruelles comme des veines face à toute cette blancheur. Ici et là, les plantes jaillissent des murs ; certains en fleurs, d'autres déjà recouvertes de nouvelles feuilles.

À sa gauche, est la structure massive du Temple posée sur trois ensembles de terrasses couvertes avec des bâtiments, des tours, des coures et des porches, au centre des quels se trouve le plus haut et le plus magnifique bâtiment avec ses coupoles rondes qui brillent au soleil comme si recouvert de cuivre et d'or. L'ensemble est entouré d'un mur d'enceinte avec des créneaux comme ceux d'un bastion. Une tour, plus élevée que les autres, construit sur une étroite route, jouit d'une vue claire de l'énorme bâtiment - le Temple - et a l'air d'une sentinelle avec la main lourde.

Jésus regarde la tour puis se retourne et s'appuie de nouveau contre le mur bas comme il le faisait avant, et maintenant regarde une petite colline devant l'immeuble- où la rue se termine par une arche - sa base bondé de maisons, laissant le reste à nu.

Au-delà de l'arche, il y a une route pavée de pierres carrées, qui sont lâches et inégales. Alors que Jésus regarde, son visage devient plus grave et s'assombrit de tristesse.

Il y a des grandes foules qui se rassemblent dans les courts, autour des fontaines, sous les porches et les pavillons à l'intérieur du Temple, les Juifs parlant fort et s'occupant à bon nombre d'activités.

Des pharisiens en longues robes larges, des prêtres dans des larges lins blancs liés à leur taille avec des ceintures précieuses et des plaques précieuses sur la poitrine et sur le front, avec d'autres points scintillants ici et là sur leurs robes variées. Et bien d'autres, de la caste sacerdotale, mais dans des vêtements moins décoratifs, eux-mêmes entourés de disciples plus jeunes. Ce sont les docteurs de la Loi.

Les médecins se tiennent en groupes conversant de théologie. Un des groupes est dirigé par un médecin nommé Gamaliel, secondé par un vieil homme, presque aveugle, appelé Hillel, qui est sans doute un enseignant ou un parent de Gamaliel, à en juger par la familiarité respectueuse avec laquelle Gamaliel traite le vieil homme. Le groupe de Gamaliel est moins nombreux et moins prudents dans leurs points de vue par opposition à un autre groupe plus nombreux dirigé par un médecin appelé Shammai, connu pour son attitude conservatrice et son intolérance pleine de ressentiment.

Entouré d'un groupe compact de disciples, Gamaliel parle du Messie et, fondant ses observations sur la prophétie de Daniel, déclare que le Messie doit déjà être né parce que les soixante-dix semaines prophétisées depuis que le décret pour la reconstruction du temple ait été délivré, ont expirées il y a une dizaine d'années.

Mais Shammai n'est pas d'accord et contre que s'il était vrai que le Temple a été reconstruit, alors il est également vrai qu'Israël a été plus réduite en esclavage et la paix, celui que les prophètes appellent « Prince de la paix » devait apporter, est très loin d'être dans le monde et à Jérusalem en particulier. En fait, la ville est opprimée par un ennemi si envieux d'exercer sa domination dans l'enceinte du Temple qui sont eux-mêmes dominés par la tour Antonia, pleine de légionnaires romains qui sont prêts à abattre avec leurs épées toute émeute qui pourrait éclater pour l'indépendance du pays.

Et ainsi, le conflit traîne en longueur, plein des griefs pédants, avec tous les médecins exhibant leurs connaissances, pas tellement pour battre leurs adversaires, mais plutôt pour s'afficher à l'admiration des auditeurs. Leurs objectifs sont tout à fait évidents.

Puis vient la voix claire d'un garçon du groupe compact des croyants :

« Gamaliel a raison ».

Il y a une agitation dans la foule et dans le groupe de

médecins qui recherchent l'interrupteur. Il n'y a nul besoin de chercher car il ne se cache pas, mais fait son chemin à travers la foule, s'approchant du groupe des rabbins. C'est Jésus, sûr de lui et le cœur ouvert, les yeux pétillants d'intelligence.

« Qui es-tu? » lui demandent-ils.

« Je suis un fils d'Israël, qui est venu faire ce que prescrit la Loi. »
Sa réponse franche est audacieuse lui gagne des sourires d'approbation et de faveur et ils s'intéressent au jeune israélite.

« Comment t'appelles-tu? »

« Jésus de Nazareth. »

La gentillesse s'estompe dans le groupe de Shammai mais Gamaliel, plus bénin, continue sa conversation avec Hillel, suggérant que le vieil homme demande quelque chose au garçon.

« Sur quoi fondez-vous votre certitude? » demande Hillel

« Sur la prophétie, qui ne peut pas se tromper sur le temps et les signes qui ont eus lieu au moment où elle s'est réalisée... » Répond Jésus '...Il est vrai que César nous domine, mais le monde et la Palestine ont été dans une telle paix à l'expiration des soixante-dix semaines, qu'il était possible pour César d'ordonner un recensement dans ses dominions. Y avait-il eu des guerres de l'empire et des émeutes en Palestine, il n'aurait pas été en mesure de le faire...

...... Comme cette époque est révolue, alors l'autre durée de soixante-deux semaines plus une, depuis l'achèvement du Temple, étant également achevée, afin que le Messie puisse être oint et que le reste de la prophétie puisse se réaliser pour les gens qui ne voulaient pas de lui...

.....Pouvez-vous en douter? Ne vous souvenez-vous pas de l'étoile qui a été vue par les mages de l'Orient et s'est arrêtée dans le ciel à Bethléem de Judée, et les prophéties et visions, depuis Jacob, indiquant ce lieu comme celui destiné à être le lieu de naissance du Messie, le fils du fils du fils de Jacob, par l'intermédiaire de David, qui était originaire de Bethléem?...

......Ne vous souvenez-vous pas de Balaam?... « Une étoile naîtra de Jacob ». Les sages de l'Orient, à qui la pureté et la foi ont ouvert leurs yeux et les oreilles, ont vu l'étoile et compris son nom: « Le Messie » et ils sont venus pour adorer la lumière qui était descendu dans le monde. »

« Voulez-vous dire que le Messie est né à Bethléem - Ephrathah au moment de l'étoile? » Demande Shammai, criant à Jésus.

« C'est ça ».

« Alors il n'est plus. Ne sais-tu pas, enfant, qu'Hérode a fait tuer tous les nourrissons nés de femmes vieux d'un jour un jusqu'à l'âge de deux ans, à Bethléem et ses environs?... demande de Shammai.
.......Toi qui es si sage dans les écritures, dois aussi savoir ceci: « une voix retentit dans Ramah... c'est Rachel qui pleure ses enfants. » Les vallées et les collines de Bethléem, qui ont réuni les larmes de la Rachel mourante, ont été laissés pleines de larmes et les mères ont pleuré à nouveau sur leurs enfants tués. Parmi eux, il y avait certainement la mère du Messie. »

« Vous avez tort, vieil homme... » dit Jésus '...Les pleurs de Rachel se sont transformés en hosannas parce que là, où elle donna naissance au « fils de son chagrin », la nouvelle Rachel a mis au monde le Benjamin du Père céleste, la fils de sa main droite, lui, qui est destinée à rassembler le peuple de Dieu sous son sceptre et le libérer de l'esclavage plus terrible. »

« Comment cela peut-il être si il a été tué? » Rétorque Shammai

« N'avez-vous pas lu à propos d'Elijah... » Demande Jésus '...Il a été emporté par le char de feu. Et si le Seigneur Dieu ne pouvait pas sauver son Emmanuel, pourrait-il être

le Messie de son peuple?...Lui, qui a séparé la mer devant Moïse, qu'Israël puisse marcher sur un sol sec vers ses terres, n'a-t-il pas pu envoyer ses anges pour sauver son fils, son Christ, de la férocité des hommes?...
......Je vous le dis solennellement:... » et Jésus se lève et étend son bras droit un geste de commandement et de promesse, sa voix un fort son qui remplit l'air, ses yeux plus brillants que jamais '...Le Christ est vivant et est parmi vous... » Et quand son heure viendra, il se montrera dans son pouvoir. » Et Jésus abaisse son bras comme celui qui a prêté un serment. Et sa solennité, bien qu'il soit un garçon, est celle d'un homme.

« Enfant, qui t'a appris ces mots? » demande Hillel.

« L'esprit de Dieu. Je n'ai aucun enseignant humain. Il s'agit de la parole de l'Éternel qui vous parle à travers mes lèvres. »

"Viens près de nous, que je puisse te voir, enfant, et mon espoir peut être ravivé par ta foi et mon âme éclairée par l'éclat de la tienne."

Ils font s'assoir Jésus sur un tabouret entre Gamaliel et Hillel et ils lui donnent quelques rouleaux à lire et à expliquer. C'est un examen sérieux et le peuple, se masse et écoute.

Jésus se lit d'une voix claire: « soit consolé, mon peuple. Parle au cœur de Jérusalem et appelle que son temps de service est terminé...Une voix crie dans le désert: "préparez un chemin pour le Seigneur... puis la gloire du Seigneur sera révélée..."

« Tu vois, Nazaréen... "Dit Shammaï'... Il se réfère ici à un esclavage terminé, mais nous n'avons jamais été esclaves comme nous le sommes maintenant. Et il y a la mention du précurseur. Où est-il ? Tu dis n'importe quoi. »

« Je vous dis, que l'avertissement du précurseur doit vous être adressé plus qu'à quiconque... » Répond Jésus '...Pour vous et ceux qui sont comme vous. Dans le cas contraire, vous ne verrez pas la gloire du Seigneur, ni ne comprendrez-vous la parole de Dieu parce que le mensonge, l'orgueil et la mesquinerie vous empêcheront de voir et d'entendre. »

« Comment oses-tu parler d'un maître comme ça? » Demande Shammaï, indigné.

« Je parle ainsi. Et ainsi je parlerai même à ma mort, car au-dessus de moi, il y a les intérêts du Seigneur et l'amour de la vérité, dont je suis le fils...
......Et j'ajoute, rabbin, que l'esclavage dont le Prophète parle et dont je parle, n'est pas celui vous pensez, ni n'est la fidélité celle que vous pensez!...

.... Au contraire, par les mérites du Messie, *l'homme se libèrera de l'esclavage du mal, qui le sépare de Dieu, et le signe du Christ sera sur les esprits, libérés du joug et fait sujets du Royaume éternel* ...

............Toutes les nations plieront leurs têtes, Ô maison de David, depuis la pousse née de vous, et qui se développera en un arbre qui couvre le monde entier et se dresse vers le ciel. ....Et dans les cieux et sur la terre toute bouche va louer son nom et plier son genou devant l'oint de Dieu, le Prince de la paix, le meneur, devant lui, **qui en s'offrant lui-même** remplira de joie et de nourriture chaque âme découragée et touchée de famine, devant le Saint **qui mettra en place une alliance entre ciel et terre.** ......Pas comme l'Alliance faite avec les anciens d'Israël, quand Dieu les conduisit hors d'Égypte, le traitant encore comme serviteurs, *mais insufflant une paternité céleste dans l'âme des hommes avec la grâce qui fait naître une nouvelle fois par les mérites du Rédempteur*, par l'intermédiaire duquel *toutes les bonnes gens connaitront le Seigneur et le sanctuaire de Dieu ne sera plus démoli et détruit.*'

' Ne blasphèmes pas, enfant ! ...' crie Shammai '...Souviens-toi de Daniel. Il affirme qu'après la mort du Christ, le temple et la ville seront détruits par un peuple et un meneur qui viendront de loin...Et tu soutiens que le sanctuaire de Dieu ne sera plus démoli! ....Respecte les prophètes! »

"Je vous dis solennellement qu'il y a quelqu'un qui est au-dessus des prophètes, et vous ne le connaissez pas et ne le connaitraient pas parce que vous ne le voulez pas...Et je vous dis que ce que j'ai dit est vrai. *Le vrai sanctuaire ne sera pas sujet à la mort. Mais comme son sanctificateur, il passera à la vie éternelle et à la fin du monde, il vivra dans le ciel.* "

« Écoutes-moi, enfant... » Dit Hillel '... Aggée dit: "... Celui attendu par les nations viendra... grande alors sera la gloire de cette maison, et de cette dernière plus que la précédente. » Peut-être renvoie-t-il au sanctuaire dont tu parles? »

« Oui, maître... » Répond Jésus '...C'est ce qu'il vaut dire. Votre honnêteté vous mène vers la lumière et je vous le dis : quand le sacrifice du Christ sera accompli, vous aurez la paix parce que vous êtes un Israélite sans méchanceté. »

« Dis-moi, Jésus... » Demande Gamaliel '...Comment peut la paix dont parlent les prophètes peut-elle être espérée, si la destruction va venir à ce peuple par la guerre ? Parle et éclaire moi aussi. »

« Vous pas souvenez-vous, maître, ce que ceux-ci ont dit, qui été présent la nuit de la naissance du Christ ?demande Jésus. '*Que les anges ont chanté: "paix aux hommes de bonne volonté*" mais ce peuple n'est pas de bonne volonté et n'aura pas de paix. Il n'e reconnaitra pas son roi, l'homme juste, le Sauveur, car il s'attend à ce qu'il soit un roi avec des pouvoirs humains, *alors qu'il est le roi de l'esprit*. Il ne l'aimera pas, parce qu'il n'aimera pas ce que prêche le Christ. Le Christ ne défera pas ses ennemis avec leurs chars et leurs chevaux. *Au lieu de cela, Il vaincra les ennemis de l'âme, qui s'efforcent d'emprisonner dans l'enfer, le cœur de l'homme qui a été créé pour le Seigneur*...Et ce n'est pas la victoire qu'Israël attend de lui. Votre roi viendra, Jérusalem, chevauchant un « âne » et un « poulain », autrement dit, les gens justes d'Israël et les gentils...Mais je vous dis que le poulain lui sera plus fidèle et le suivra précédant l'âne et grandira dans les voies de la vérité et de la vie. *En raison de sa mauvaise volonté, Israël va perdre son calme et souffrir pendant des siècles et provoquera la souffrance de son roi et fera de lui le roi de chagrin dont parle Isaïe.*'

« Ta bouche a un goût de lait et de blasphème en même temps, Nazaréen... » Accuse Shammai '...Dis-moi : où est le précurseur ? Quand l'avons-nous eu? »

« Il est » répond Jésus. ' Ne dit pas Malachie: ici je vais envoyer mon messager pour préparer le chemin devant moi ; et le Seigneur que vous cherchez entrera subitement dans son Temple, et l'ange de l'Alliance que vous attendez?"... *C'est pourquoi, le précurseur précède immédiatement le Christ. Il est déjà, tout comme le Christ. Si les années venaient à s'écouler entre celui qui prépare les voies du Seigneur et le Christ, toutes les voies deviendraient obstruées et tortueuses à nouveau.* Dieu sait et organise au préalable que le précurseur précède le maître *d'une heure seulement…*Quand vous verrez ce précurseur, vous serez en mesure de dire: « la mission du Christ commence. » Et je vous le dis : Christ ouvrira biens des yeux et des biens des oreilles quand il viendra par cette voie. Mais il n'ouvrira pas la vôtre ou celles de gens comme vous, parce que vous mettrez à mort celui qui vous apporte la vie…Mais quand le Rédempteur s'assoira sur son trône et sur son autel, plus haut que ce Temple…Plus haut que le Tabernacle enfermé dans le Saint des Saints,… plus haut que la gloire soutenue par les chérubins,…Des malédictions pour les déicides et la vie pour les Gentils s'écouleront de ses des milliers et milliers de plaies, parce qu'il, o maître, qui n'êtes pas conscient de cela, n'est pas, je le répète, n'est pas le roi d'un royaume humain, *mais d'un royaume spirituel.. .et ses sujets seront uniquement ceux qui, pour lui, vont apprendre à se régénérer dans l'esprit* et comme Jonas, après être né, *apprendront à naitre de nouveau, sur d'autres rivages: « Les rivages de Dieu »* au moyen d'une régénération spirituelle qui aura lieu à travers le Christ, qui vous donnera la vraie vie à l'humanité. »

« Ce Nazaréen est Satan! » Crient Shammaï et ses disciples.

' Non, cet enfant est un prophète de Dieu!' crient Hillel et ses disciples

« Reste avec moi, enfant. Ma vieillesse va transfuser ce que je sais dans tes connaissances et tu seras maître du peuple de Dieu. »

"Je te dis solennellement que si il y en avait beaucoup comme toi, le Salut viendrait à Israël. Mais mon heure n'est pas venu. Les v*oix du ciel Me parlent et dans la solitude je dois rester jusqu'à ce que mon heure vienne.* Alors avec mes lèvres et mon sang, je vais parler à Jérusalem, et le destin des prophètes lapidés et tués par elle, sera aussi mon destin...
......Mais au-dessus de ma vie, il y a le Seigneur Dieu, à qui je me soumets comme un serviteur fidèle, pour faire de moi un tabouret pour sa gloire... en attente qu'il fasse du monde un tabouret aux pieds du Christ...*Attends-moi à mon heure. Ces pierres doivent entendre ma voix encore et vibrer en entendant mon dernier mot...* »

Et alors, Marie, qui cherche encore dans les jardins du Temple son bien-aimé entend le son de sa voix, tout d'un coup, au-delà de la barrière d'un grand groupe de personnes. Elle l'entend dire "...*Ces pierres doivent entendre ma voix à nouveau et vibrer en entendant mon dernier mot...*" Elle essaie de faire son chemin à travers la foule... pendant ce temps, Jésus parle encore...

'.......Bienheureux sont ceux qui, dans cette voix, auraient entendu Dieu et ont cru en lui à cause de cela. Pour eux, le Christ donnera ce royaume que votre égoïsme imagine être humain, alors qu'il est céleste... »

Et Jésus se lève au milieu des docteurs étonnés et avec ses bras tendus et son visage élevé vers le ciel, brûlant d'une ardeur spirituelle, il continue...

"...Et c'est pourquoi je dis : *"Voici ton serviteur, Seigneur, qui est venu pour faire ta volonté. Laisse-le être consommé, parce que je suis impatient de m'en acquitter.'*

Après beaucoup d'efforts, Marie réussit à faire son chemin à travers la vaste foule. Et là est son fils, debout, les bras étendus au milieu des docteurs de la Loi. Vierge prudente qu'elle est toujours, cette fois, son angoisse est comme un ouragan qui vainc même sa prudence et elle court vers son fils, l'embrasse, le soulevant du tabouret et le posant sur le sol.

' Oh ! Pourquoi nous as-tu fait cela!' s'exclame-t-elle "pendant trois jours, nous t'avons cherché. Ta maman est en train de mourir de douleur. Ton père est épuisé de fatigue. Pourquoi, Jésus? »

Mais tu ne demandes pas « pourquoi » à celui qui sait. « Pourquoi » il se comporte d'une certaine manière. Pourquoi ceux qui ont une vocation quittent tout et suivent la voix de Dieu. Jésus est la sagesse, et il le sait ; remplissant la mission à laquelle il est appelé, faisant passer les intérêts du divin père au-dessus de ceux de son père et de sa mère terrestres.

Et Jésus dit ceci à Marie, terminant son enseignement des médecins avec une leçon à la Reine des médecins.

Marie prend cette leçon et la conserve dans son cœur. Ses paroles profondément ancrées dans son esprit.

Et le soleil commence à briller dans son cœur à nouveau maintenant qu'elle a son Jésus, humble et docile, à côté d'elle. Il y aura beaucoup de soleil et beaucoup de nuages ; de grandes joies et des larmes en alternance dans son cœur pendant les prochains vingt et un ans. Mais plus jamais elle ne demandera « pourquoi ».

www.ingramcontent.com/pod-product-compliance
Lightning Source LLC
Chambersburg PA
CBHW061333040426
42444CB00011B/2898